AI와 통번역 교육

AI문고

인공지능 시대입니다. 기계가 인간의 인지를 대신하고, 사물이 인간을 통하지 않고 다른 사물과 직접 커뮤니케이션합니다. 이에 따른 인간 삶과 문명 변화를 정확히 이해·예측·대응하는 것은 이 시대 우리 모두의 과제입니다. AI문고는 인공지능 기술과 환경의 여러 주제를 10가지 키워드로 정리합니다. 관련 개념과 이론, 학계와 산업계의 쟁점, 우리 일상의 변화를 다룹니다. 인간과 기술의 현재, 미래를 세심히 분석합니다.

일러두기

- 인명, 작품명, 저서명, 개념어 등은 한글과 함께 괄호 안에 해당 국가의 원어를 병기했습니다.
- 외래어 표기는 현행 어문규정의 외래어표기법을 따랐습니다.

처음이세요?

전문가세요?

AI와 통번역 교육

최은실 · 이이형

대한민국, 서울, 커뮤니케이션북스, 2025

AI와 통번역 교육

지은이 최은실 · 이아형
펴낸이 박영률

초판 1쇄 펴낸날 2025년 8월 20일

커뮤니케이션북스(주)
출판 등록 2007년 8월 17일 제313-2007-000166호
02880 서울시 성북구 성북로 5-11
전화(02) 7474 001, 팩스(02) 736 5047
commbooks@commbooks.com
www.commbooks.com

ISBN 979-11-430-0655-4 03500

책값은 뒤표지에 표시되어 있습니다.

차례

AI를 품은 바벨, 새로운 언어의 탑을 쌓다

21세기 중반을 향해 가는 지금, 우리는 통번역 교육의 결정적 전환점에 서 있다. 전통적인 통번역 교육은 오랜 시간 동안 언어, 문화, 상황을 조화롭게 매개하는 인간 통번역사의 전문성과 윤리적 판단을 중심에 두고 발전해왔다. 그러나 이제는 그러한 이상적 모델이 기술의 급격한 진화 속에서 새로운 도전에 직면하고 있다. 특히 생성형 AI 기술의 등장은 단순한 보조 도구의 차원을 넘어 통번역사의 업무 영역에까지 침투하며, 우리가 통번역 교육에서 강조해 온 역량의 본질을 재정의하도록 요구하고 있다.

이 책은 통번역 교육자로서 지난 수년간 교육 현장에서 경험하고 성찰한 문제의식과 실천적 고민의 집합이다. 특히 인간과 AI의 협업이 불가피한 시대에, 인간 통번역사의 정체성은 무엇이며, 우리는 어떤 교육 철학과 전략으로 이들을 길러야 하는가에 대한 질문에 응답하고자 했다.

곧 사라질 직업?

최근 한국언론진흥재단 미디어연구센터의 조사 결과, 챗GPT와 같은 생성형 AI 기술의 발전으로 인해 번역가와 통역사가 가까운 미래에 사라질 직업 1위로 꼽혔다. 응답자의 90.9%가 이 직업군이 AI에 의해 대체될 가능성이 크다고 인식하고 있다(김성환, 2023). 기술의 발전 속도가 인간의 예측을 넘어선 가운데, 통번역사와 통번역 교수자는 직업의 존속 자체에 위기감을 느끼고 있다. 그러나 이러한 위협은 인간 통번역사에게 새로운 역할을 정의하고 AI와의 협업 모델을 재정립할 기회로 작용할 수 있다.

현재 전 세계적으로 많은 분야가 AI의 급격한 발전으로 인해 직업의 변화를 경험하고 있다. 특히 반복적이고 구조화된 작업이 많은 분야일수록 자동화의 위협이 크다. 통번역 분야 또한 과거에는 인간 고유의 창의성과 섬세함이 필수적인 영역으로 간주됐으나, 이제 AI의 언어처리 기술 발전으로 상당 부분 대체 가능성이 높아지고 있다. 그러나 이는 동시에 인간 통번역사의 가치를 재조명할 수 있는 기회로 작용하며, 인간만의 고유 역량과 AI의 강점을 결합하여 새로운 통번역 생태계를 구축할 가능성을 열고 있다.

전통적인 통번역 능력

전통적인 통번역 교육은 언어 숙련도와 문화적 이해, 윤리적 판단 및 상황 인식 능력을 중심으로 구성되었다. 이를 통해 통번역사는 다양한 맥락에서의 정교한 커뮤니케이션을 가능하게 했으며, 반복 훈련을 통해 축적된 전문성을 갖추었다. 그러나 기술 친화적 환경에 대한 교육은 상대적으로 미흡해, 실제 업무 현장에서 번역 메모리(TM), 용어 관리 시스템(TMS), 컴퓨터 보조 번역(CAT) 툴 등의 디지털 도구 활용 능력이 떨어지는 문제가 지속적으로 제기되었다(Kenny & Doherty, 2014).

이러한 전통적인 통번역 교육의 강점은 분명 존재하지만, 최근 급변하는 기술 환경과의 조화를 이루는 데 어려움이 발생하고 있다. 특히 디지털 시대에는 신속한 정보 처리 능력과 기술적 역량이 필수가 되면서 전통적인 언어 중심의 교육 방식으로는 불충분한 점이 나타났다. 따라서 이제는 전통적 교육 방식을 바탕으로 디지털 및 AI 기술을 포함하는 새로운 교육 모델이 필요하며, 이는 통번역사의 장기적인 경쟁력 유지에 필수적이다.

AI와 번역

AI 기반의 기계 번역은 이미 많은 분야에서 인간 번역을 상당 부분 대체하고 있으며, 그 품질 또한 지속적으로 향상되고 있다. 특히 생성형 AI 기술은 텍스트 생성의 속도와 정확성을 비약적으로 높여, 인간이 수행하는 반복적이고 규칙적인 번역 업무를 상당히 대체했다. 그러나 AI의 번역은 아직 문화적 함축성, 맥락적 미묘함, 비가시적 의미 전달 등의 영역에서 인간 번역사를 완전히 대체하지 못하고 있다.

AI 번역 기술의 발전은 특히 기술 문서, 법률 문서, 사용자 매뉴얼 등 구조화된 텍스트에서 두드러진다. 그러나 문학, 마케팅 콘텐츠, 정치적 연설 등 정교한 표현과 감정적 소통이 중요한 분야에서는 아직 인간 번역사의 역할이 크게 요구된다. 따라서 번역 분야에서 인간과 AI의 협업 모델을 구축해 인간 번역사는 창의적이고 감정적인 부분을, AI는 반복적이고 정형화된 부분을 담당하는 효율적이고 새로운 작업 방식을 모색해야 한다.

AI와 통역

AI 통역 분야에서 AI 기술의 발전은 더욱 두드러지게 나타나고 있다. 자동 음성 인식(ASR), 실시간 기계 통역, 음성 합성(TTS) 기술이 결합한 실시간 통역 시스템은 이미 상용화되어 다양한 국제 행사와 비즈니스 미팅에서 활용되고 있다. 그러나 이러한 시스템은 언어적 뉘앙스, 감정 표현, 상황적 맥락과 같은 비언어적 정보를 처리하는 능력에서 여전히 인간 통역사에게 크게 미치지 못하고 있다(Pöchhacker, 2016).

실제로 현장에서 AI 통역 시스템은 발화자의 의도를 정확히 파악하지 못하거나, 문화적 차이에 따른 미묘한 표현들을 놓치는 경우가 자주 발생한다. 특히 외교적 협상이나 국제 회의와 같은 복잡한 소통 환경에서는 인간 통역사의 미묘한 조율과 상황 판단 능력이 필수적이다. AI 기술이 발전할수록 오히려 인간 통역사의 고급 역량과 판단 능력이 더 중요해지는 역설적 상황이 펼쳐질 가능성이 높다.

인간 통번역사의 역할 변화

AI 기술의 한계는 오히려 인간 통번역사의 독특한 강점을 부각시키고 있다. 인간 통번역사는 복잡한 문화적, 윤리적 맥락에서의 판단, 감정적 이해와 교감, 그리고 관계 중심의 소통에 강점을 가진다. 의료 통역, 외교적 협상, 법정 통역 등 정밀한 상호작용과 민감한 맥락이 요구되는 분야에서 인간 통번역사의 역할은 오히려 더 중요해질 것으로 예상된다. 이러한 변화는 통번역사의 교육을 단순 언어 기술 훈련에서 복합적이고 심층적인 커뮤니케이션 능력 중심으로 재편할 것을 요구한다(Angelelli, 2004).

따라서 미래의 인간 통번역사는 AI와 공존하며 협력하는 방식을 배우고, 자신의 고유한 강점을 더욱 심화시켜야 한다. 인간과 기계의 협력 구조 속에서 인간의 역할은 더욱 고도화된 전략적 사고와 문제 해결 능력, 그리고 윤리적 책임감을 중심으로 재정립될 것이다.

전통의 유산과 그 한계

통번역 교육은 오랫동안 인간 중심의 정밀한 언어 훈련, 윤리적 태도, 상황 인식 능력, 그리고 반복 훈련을 통한 신체화된 기술의 축적을 중심으로 설계되어 왔다. 이러한 교육은 '현장 적합성'과 '전문성'을 높이는 데 매우 효과적이었다. 그러나 이와 동시에 변화하는 기술 환경에 대한 감각은 상대적으로 미흡했으며, 디지털 기술을 통번역사의 '보조적 도구'로만 제한하여 교육하는 경향이 존재했다.

이러한 교육 구조는 정보 접근성과 처리 속도가 비약적으로 향상된 오늘날의 업무 환경과 충돌하게 되었다. 예를 들어 번역 메모리, 용어 관리 시스템, 컴퓨터 보조 번역 도구와 같은 디지털 환경에 대한 이해가 없는 통번역사는 현실에서 경쟁력을 갖기 어렵다. 더 나아가 최근에는 실시간 기계 통역, AI 기반 회의 요약, 음성 인식 기반 동시통역 시스템까지 업무 현장에 도입되며, 기술 이해도와 활용 역량이 통번역사에게 요구되는 '제2의 언어'가 되었다.

통번역 교육의 전환

AI 시대의 통번역 교육은 인간의 전문성과 기술적 능력을 통합한 하이브리드 전문가를 양성해야 한다. 기존의 전통적 언어 교육 방법은 AI 기술과의 융합을 통해 보다 혁신적이고 실질적인 교육으로 전환되어야 한다. 이를 위해 첫째, 실제 업무 현장에서 널리 사용되는 AI 기술을 통번역 훈련 과정에 적극적으로 통합하고, 이를 통해 학생들이 실제 현장 업무의 흐름을 익히도록 해야 한다. 예를 들어 자동 음성 인식 시스템, 번역 메모리, 용어 관리 시스템 등을 활용한 실습 중심의 훈련을 통해 학생들이 실질적인 기술 활용 능력을 기르도록 해야 한다.

둘째, 비판적 AI 리터러시 교육을 강화해야 한다. 이는 학생들이 AI 시스템의 작동 원리를 이해하고, AI 시스템의 한계와 윤리적 문제를 비판적으로 바라보며, 실제 현장에서 기술을 책임 있게 활용할 수 있는 능력을 갖추도록 하는 것을 목표로 한다(Giustini & Dastyar, 2024). 학생들이 데이터 편향성, 개인정보 보호, 알고리즘 윤리 등의 문제에 대해 충분히 토론하고 숙고할 수 있는 교육 환경을 제공해야 한다.

셋째, AI 협업 시나리오 기반의 교육을 실시해야 한다. 통역사와 번역가가 AI와 협력하여 효율성을 높이고 품질을 향상시키는 다양한 작업 방식을 모의 훈련을 통해 익힐 수 있도록 해야 한다. 학생들이 실무 환경과 유사한 상황에서 AI의 도움을 받아 업무를 수행하거나, AI의 결과물을 평가하고 보완하는 과정을 반복적으로 경험하게 해 실무적 협업 능력을 기를 수 있도록 해야 한다.

넷째, 평가 체계 또한 전면적으로 개선해야 한다. 단순히 언어적 숙련도만 평가하는 것이 아니라, 학생들이 AI 기술을 전략적으로 활용하는 능력, 오류를 인지하고 수정하는 능력, 그리고 AI와 협력해 복잡한 문제를 해결하는 협업적 문제 해결력 등을 포함한 다면적 평가 체계를 구축해야 한다.

이러한 교육 체계는 단순한 기술 숙련을 넘어서 인간과 AI가 공존하며 소통할 수 있는 윤리적 감각과 전략적 사고를 겸비한 통번역사를 양성하는 데 그 목적이 있다.

미래의 통번역사, 그리고 교수자의 사명

통번역 업계는 생성형 AI의 발전으로 위축될 것이라는 우려와 달리 실제로는 오히려 성장세를 보이고 있다. ≪매일경제≫의 보도에 따르면, 2020년 대비 2023년까지 통번역 업체 수와 종사자 수가 증가했으며, 이는 AI를 활용하여 전문성을 높인 결과로 분석된다. AI가 기본적인 통번역 작업을 맡으면서, 인간 통번역사는 고부가가치 업무에 집중할 수 있게 되었다. 특히 법률, 외교, 의료 등 윤리적 판단과 상황에 대한 이해가 필요한 분야에서는 AI가 인간을 대체할 수 없다는 전문가들의 의견이 제시되었다.

이러한 변화는 통번역사와 교수자 모두에게 새로운 역할을 요구한다. 통번역사는 AI와의 협업을 통해 전문성을 강화하고, 교수자는 기술 변화에 대응하는 교육 방법론을 개발해 학생들이 미래의 통번역 환경에 적응할 수 있도록 지도해야 한다. 결국, AI 시대의 통번역 교육은 인간과 기계가 공존하며 발전할 수 있는 방향을 제시해야 하며, 이는 교수자의 사명이자 교육의 궁극적인 목표가 되어야 한다.

AI 시대의 통번역사는 이제 단순히 언어를 매개하는 역할에서 벗어나, AI 기술과의 상호작용을 통해 새로운 가치를 창출하는 역할을 맡아야 한다. 통번역사는 기술의 발전을 두려워하거나 거부하는 것이 아니라, 적극적으로 기술을 이해하고 이를 자신의 전문성을 강화하는 도구로 활용할 줄 알아야 한다. 특히 기술의 도움으로 가능해진 업무의 효율성을 극대화하고, 동시에 인간만이 수행할 수 있는 정교하고 미묘한 소통의 영역을 확장해야 한다.

교수자 또한 AI 시대에 통번역사의 새로운 역할과 기술적 도전을 반영하여 교육 방법론을 재구성할 책임이 있다. 교수자는 더 이상 단순한 언어 훈련자로서만 머물지 않고, 기술의 변화와 사회적 요구를 읽고 대응할 수 있는 교육 설계자이자, 인간 중심의 소통 가치를 지켜 내는 철학적 지도자로 성장해야 한다. 기술 발전의 맹목적인 수용이 아니라, 기술과 인간의 공존과 협력을 통해 새로운 가치를 창출할 수 있도록 학생들을 이끌어야 한다.

결국 AI 시대의 통번역 교육은 인간과 기계가 공존하며 발전할 수 있는 방향을 제시해야 하며, 이는 교수자의 사명이자 교육의 궁극적인 목표가 되어야 한다. 본서는 이러한 변화와 도전의 시대에 필요한 교육적 통찰과 구체적인 실천 방안을 제안함으로써, 교육자와 학생들에게 실질적인 지침이 될 것이다.

참고문헌

김성환(2023.4.12). 한국언론진흥재단 미디어연구센터, 챗GPT 우리 삶에 큰 영향을 미칠 것. ≪이로운넷≫, https://www.eroun.net/news/articleView.html?idxno=31764

이호준(2025. 5. 26). AI에 밥그릇 뺏길줄 알았는데 … 통번역 업계 “오히려 더 호황”. ≪매일경제≫, https://mk.co.kr/news/economy/11326952

Angelelli, C. V.(2004). *Revisiting the interpreter's role: A study of conference, court, and medical interpreters in Canada, Mexico, and the United States.* Amsterdam and Philadelphia: John Benjamins.

Giustini, D. & Dastyar, V.(2024). Critical AI literacy for interpreting in the age of AI. *Interpreting an Society: An Interdisciplinary Journal,* 4(2), 196~213.

Kenny, D. and Doherty, S. (2014). Statistical Machine Translation in the Translation Curriculum: Overcoming Obstacles and Empowering Translators. *The Interpreter and Translator Trainer,* 8, 276~294.

Pöchhacker, F. (2016). *Introducing Interpreting Studies.* Routledge.

01
전통적인 통번역 능력

통역사와 번역사는 어떤 능력을 가지고 있는 사람들일까. 혹은 훈련을 통해 어떤 능력을 함양해야만 통역이나 번역을 수행할 수 있는 것일까에 대한 답을 제시한다. 번역 능력은 팍테 그룹(PACTE Group)과 EMT 전문가 그룹(EMT Expert Group)이 제시한 번역 능력 모델을, 통역 능력은 질(Gile)이 제시한 통역 능력 모델을 통해 이론적 관점에서 논의되고 있는 통번역 능력에 대해 알아본다.

AI와 1인 창업?

능력과 역량

능력(Competence)과 역량(Competency)은 교육학을 비롯한 여러 분야에서 혼용되거나 미묘하게 다른 의미로 사용되고 있다. 두 용어 간 보편적으로 허용되는 정의는 존재하지 않지만, 역량 관련 논의들에서 제시하는 차이점을 요약하면 다음과 같다.

우선 능력이란 역량보다 더 광범위하고 총체적인 개념으로, 특정 과업이나 역할을 성공적으로 수행하는 데 필요한 지식이나 기술 등을 의미한다. 이는 어떤 과업을 효율적으로 해낼 수 있는 '능력' 그 자체 혹은 '자격'을 나타내며, 종종 특정 표준에 따라 평가될 수 있는 개인의 포괄적인 특성에 해당한다.

반면 역량은 더 구체적이고 관찰 가능한 행동, 기술, 태도 등을 지칭하는 경우가 많다. 역량의 가장 대표적인 특성은 준거에 기반하여 평가할 수 있다는 점이다. 이와 관련된 역량의 정의는 다음과 같다. 역량이란 "직무를 수행 중이거나 특정한 상황 속에서 준거를 기준으로 평가했을 때 효과적인 수행 혹은 우수한 수행이라고 간주할 수 있도록 하는 개인의 내재적인 특성"이다(Spencer & Spencer, 1993). 역량은 평가가 수반되는 개념이기 때문에 훈련이나 개발을 통해 개선될 수 있으며, 지식, 기술, 태도로 구성되어 있다(Parry, 1996).

이 두 가지 개념을 통번역 상황에 적용해 본다면 통번역 능력이란 통번역사가 통역 혹은 번역 업무를 성공적으로 수행하는 데 필요한 전반적이고 총체적인 능력이다. 이는 특정 과업을 효율적으로 해낼 수 있는 근원적인 '자격' 정도로 이해할 수 있다. 이에 반해 통번역 역량은 포괄적인 '통번역 능력'을 구성하거나 실제 통번역 과정에서 구체적으로 발현되고 관찰될 수 있는 개별적인 지식이나 기술, 태도를 나타낸다.

번역 능력 모델을 번역 교육에 도입한 팍테 그룹이 제시한 다섯 가지 번역 능력 중 하나를 선택해 예를 들어 보겠다. 전략적 능력(Strategic Competence)은 번역 중에 접하는 문제들을 해결하는 데 사용하는 능력이다(Orozco, 2000). 이를 위해서는 번역 과정을 계획하는 역량, 번역 과정에서 문제를 식별하는 역량, 번역 결과물에 대해 평가할 수 있는 역량 등이 필요한 것이다.

번역 능력

그렇다면 번역학에서 이야기하는 번역 능력에는 어떤 것이 있는지 알아보자. 번역 능력 모델은 전문적인 번역에 어떤 지식이나 기술이 필요한지에 대한 개념적 틀을 제공한다. 그리고 번역 교육 과정 설계, 평가 등에 있어 번역 능력 모델은 매우 중요한 역할을 수행한다.

번역 능력 모델 중 가장 유명한 두 가지 모델은 팍테(PATCE, Process in the Acquisition of Translation Competence and Evaluation) 그룹과 이엠티(EMT, European Master's in Translation)가 제시한 번역 능력 모델이다. 전자는 경험적 연구에 기반한 과정 중심 모델이고, 후자는 유럽의 석사 수준 번역 표준화를 목표로 하는 시장 지향적이고 규범적인 모델로 간주된다(Krause, 2024).

팍테 그룹의 가장 최근 번역 능력 모델은 크게 이중 언어 능력, 언어 외적 능력, 번역 지식 능력, 도구적 능력, 전략적 능력의 다섯 가지 하위 능력으로 구성된다. 이중 언어 능력은 두 언어로 의사소통하는 데 필요한 절차적 지식을 의미한다. 인공지능 이전의 전통적인 번역 실무를 위해 심층적인 어휘 지식, 강력한 문법적 직관, 사회언어학적 인식 등의 능력이 중요했다(PACTE, 2008). 언어 외적 능력은 일반적인 세계 지식 및 특정 분야에 대한 선언적 지식으로, 이문화적 지식, 주제 지식 등을 포함한다. 번역 지식 능력은 번역 원리, 과정, 방법, 절차, 문제 유형 및 전문 번역 실무에 대한 주로 선언적 지식을 포함한다. 전통적인 번역 실무에서는 번역 이론에 대한 이해나 직업 윤리 등이 이에 해당한다. 도구적 능력은 ICT와 관련된 절차적 지식과 관련이 있으며, 사전, 백과사전, 스타일 가이드, 병렬 텍스트, 코퍼스, 검색 엔진 등의 활용 능력을 포함한다. 인공지능 이전 시대에는 수동 정보 검색, 문서화 순서 설정 등이 이에 해당했다. 마지막으로 전략적 능력은 앞서 설명한 네 가지 능력 간 상호작용을 통해 번역에 필요한 전략을 만들어 내는 중심적인 기능을 담당하고 있다. 주요 기능으로는 과정 계획, 과정 및 결과 평가, 다른 능력의 활성화 등이 있다.

팍테 그룹과 마찬가지로 EMT 번역 능력 모델도 언어 및 문화, 번역, 기술, 개인 및 대인 관계 기술, 서비스 제공의 다섯 가지 핵심 능력 영역을 제시한다. 우선 언어 및 문화 능력은 언어 변이, 문화적 요소, 가치, 참조 사항을 이해하고 목표 텍스트(Target Text)가 사용되는 문화권의 문화적 관습에 따라 글을 쓰는 능력을 포함한다. 번역 능력은 번역에 대한 전략적, 방법론적, 주제적 능력을 포괄한다. 기술 능력은 IT 응용 프로그램, 검색 엔진 코퍼스, CAT 도구, 파일 관리, 웹 기술, 데이터 리터러시, 워크플로 관리 도구 사용 능력 등을 포함한다. 개인 및 대인 관계 능력과 서비스 제공 능력은 팍테 그룹과 차별화되는 요소로, 시간 관리, 팀워크, 평생 학습, 마감일 준수 등에 대한 내용이 포함된다.

두 모델의 차이점을 살펴보면 팍테 그룹 모델의 경우 번역의 인지적, 내적 과정, 문제 해결 메커니즘, 그리고 초보에서 전문가로 발전하는 지식 습득에 중점을 둔다. 반면 EMT 모델은 전문적 맥락에서 능력의 외적 발현, 시장의 요구, 기술 숙련도, 서비스 제공자로서의 번역가 역할에 더 초점을 맞춘다. 하지만 두 모델은 상호 보완적으로 작용할 수 있으며, AI 시대의 통번역 역량을 위한 토대로서 그 역할을 할 수 있다.

통역 능력

통역은 번역과 구별되는 과업으로, 동시성, 음성의 실시간 처리, 기억력 제약 등을 특징으로 한다. 번역 능력 모델들이 주로 텍스트 번역에 초점을 맞추는 반면, 통역 능력 모델들은 전통적인 실무를 이해하는 데 도움을 준다. 가장 대표적인 통역 모델을 연구한 학자로는 다니엘 질(Daniel Gile)이 대표적이다.

질의 노력 모델은 통역이라고 하는 업무가 제한된 공급량을 가진 정신적 '에너지'를 필요로 하며, 요구량이 가용량을 초과하면 수행 능력이 저하된다는 핵심 개념에 기반한다. 질의 모델은 인지 부하와 처리 능력에 중점을 두며, 통역 과정을 네 가지 '노력(effort)'으로 구분한다. 첫째, 듣기 및 분석 노력(Listening and Analysis Effort)은 발화된 내용을 정확히 인지하고 이해하는 데 필요한 인지적 활동으로, 의미 해독이나 핵심 정보 식별, 내용 예측, 문제 해결 등이 포함된다. 둘째, 기억 노력(Memory Effort)은 특히 순차 통역이나 내용 밀도가 높은 발화에서 정보를 단기적으로 유지하고 회상하는 데 필요한 노력이다. 셋째, 산출 노력(Production Effort)은 목표 언어로 결과물을 계획하고 실행하는 데 드는 인지적 노력으로, 어휘 선택, 문법적 정확성, 적절한 스타일 등이 포함된다. 마지막으로 조정 능력(Coordination Effort)은 듣기, 기억, 산출, 그리고 자가 점검 사이에서 주의를 관리하는 노력이다. 통역사는 이런 능력들이 모두 발현될 수 있도록 통역 훈련을 통해 능력 배분 연습을 하게 된다.

AI 시대 통번역 교육의 전환점

이제 우리는 전통적인 통번역 능력을 어떻게 정의하고 구성할지뿐만 아니라, 이러한 능력과 역량이 급변하는 AI 시대에 어떻게 재구성되고 융합될 수 있을지를 고민해야 할 시점에 있다. 통번역 능력과 역량이 여전히 인간의 전문성과 판단력에 기반한 활동이라면, AI는 그 활동을 보조하고 확장할 수 있는 유력한 도구로 자리매김하고 있다. 예컨대 전략적 문제 해결 능력이나 인지 부하 조절 능력과 같은 통번역의 핵심 역량은 AI의 지원을 통해 더욱 효율적으로 훈련되거나 강화될 수 있다.

따라서 통번역 교육은 기존 능력 기반 교육을 넘어, AI와의 협업 능력, 도구 활용 역량, 그리고 기술적 환경 속에서의 의사 결정 능력까지 포함하는 보다 포괄적이고 통합적인 교육으로의 전환을 요구받고 있다. 번역에서는 CAT 도구 및 기계 번역의 포스트에디팅 능력, 통역에서는 AI 통역 도구와의 상호작용 능력이 새로운 역량으로 주목받고 있다. 궁극적으로 통번역 교육은 이러한 전통적 능력과 신기술 기반 역량이 상호작용할 수 있도록 설계되어야 하며, 인간 통번역사가 여전히 중심이 되는 전문성과 비판적 사고력을 잃지 않도록 균형을 유지하는 것이 관건이다.

이러한 교육적 전환은 단지 기술 습득만이 아니라 AI 시대에 인간 통번역사의 역할을 어떻게 정의할 것인지에 대한 성찰을 요구한다. 지금이야말로 통번역 교육이 능력(Competence)과 역량(Competency)의 전통적 정의를 넘어 미래 지향적이며 통합적인 전문성을 설계해야 할 때다.

참고문헌

Abbott, J.(2013). Managing difficult people: competence vs competency. *Journal of Renal Nursing*, 3(2), 88~92.

Gile, D.(2009). *Basic concepts and models for interpreter and translator training*. Amsterdam and Philadelphia: John Benjamins.

Krause, A.(2024). The 2022 EMT competence framework: An outlook on its applicability in a rapidly evolving translation landscape. *Alkalmazott Nyelvtudomany, Kulonszam*, 1~14.

Orozco, M.(2000). "Building a measuring instrument for the acquisition of translation competence in trainee translators" in *Developing translation competence*, Christina Schaffner and Beverly Adab(eds). Amsterdam and Philadelphia: John Benjamins.

PACTE(2003). "Building a translation competence model" In *Triangulating translation: Perspectives in process oriented research*, F. Alves (ed), 43~66. Amsterdam and Philadelphia: John Benjamins.

PACTE(2008). First results of a translation competence experiment: 'Knowledge of translation' and 'efficacy of the translation process' In *Translator and interpreter training, Issues, methods and debates*, Kearns, J.(ed). 104~126. London: Bloomsbury.

Parry, S. B.(1996). The quest for competencies. *Training*, 33(7),

48～54.

Spencer, L. M. & Spencer, S. M.(1993). *Competence at work: Models for superior performance.* New York: John Wiley & Sons, Inc.

Teodorescu, T.(2006). Competence versus competency: What is the difference? *Performance Improvement,* 45(10), 27～30. DOI: 10.1002/pfi.027.

02
기계 번역과 포스트에디팅

기계 번역을 가장 쉽게 표현하면 인간이 하는 번역에 반대되는 번역이다. 현재 파파고 등의 번역 모델이 정착하기까지 어떤 종류의 기계 번역이 개발되었고, 어떤 원리로 운영되었는지에 대한 내용을 알아본다. 인간과 기술 간 협업의 관점에서 CAT 툴 번역 방법을 소개하고, 이와 더불어 기계 번역 후 번역 품질 향상을 위한 작업인 포스트에디팅과 프리에디팅 개념을 제시한다.

AI와 MBTI?

기계 번역

기계 번역의 발전은 번역 업무의 효율성과 접근성을 크게 향상시켰다. 즉, 기계 번역을 통해 눈 깜짝할 사이에 번역 결과물을 얻을 수 있고, 누구나 번역이라는 작업에 도전할 수 있게 되었다. 기계 번역이란 "인간이 작성한 자연언어 문장을 컴퓨터 프로그래밍을 통해 다른 언어로 자동 번역하는 기술"이다(임형재 외, 2023). 기계 번역은 발전 과정에 따라 크게 세 단계로 구분할 수 있다.

첫 단계는 규칙 기반 기계 번역(Rule-Based Machine Translation, RBMT)으로, 사전과 문법 규칙을 기반으로 번역을 수행한다. 예를 들어 "I am a student"라는 문장을 번역할 때 RBMT는 사전에서 'I'를 '나', 'am'을 '이다', 'student'를 '학생'으로 찾아낸 후 문법 규칙에 따라 이를 "나는 학생이다"로 조합한다. RBMT는 언어학자들이 작성한 정밀한 규칙과 이중 언어 사전에 의존하여, 문법 구조를 분석해 대상 언어로 변환한다. 그러나 이 방식은 예외적 표현이나 미리 정해진 규칙에서 벗어난 문장을 처리할 때 어려움을 겪고, 규칙의 지속적인 업데이트와 유지 관리 비용이 높다는 단점을 가지고 있다(Hutchins & Somers, 1992).

둘째 단계인 통계 기반 기계 번역(Statistical Machine

Translation, SMT)은 대량의 병렬 데이터에서 통계적 모델을 생성해 번역 확률을 계산하는 방식이다. "I am a student."를 예로 설명해 보자면, SMT는 수많은 문장 쌍에서 각 단어와 구절의 출현 빈도를 기반으로 가장 확률이 높은 번역 결과를 생성한다. SMT는 RBMT에 비해 언어의 유연한 활용이 가능하며, 데이터를 충분히 확보할 경우 다양한 언어 쌍에 비교적 쉽게 적용할 수 있다. 그러나 SMT는 문맥의 이해나 긴 문장 내의 의미적 일관성 유지에 한계를 보이며, 번역 품질이 데이터의 질과 양에 크게 의존한다(Koehn, 2010).

셋째 단계인 신경망 기계 번역(Neural Machine Translation, NMT)은 심층 신경망을 활용해 문장의 의미를 전체적으로 이해하고 번역 결과를 생성하는 방법이다. NMT에서는 "I am a student."라는 문장을 단어 단위가 아닌 전체 문장으로 인식하여, 문맥과 맥락을 고려한 자연스러운 번역인 "나는 학생입니다."를 생성한다. 특히 2017년 발표된 트랜스포머(Transformer) 모델은 어텐션 메커니즘을 통해 문장의 전후 맥락을 효과적으로 파악해 번역 품질을 크게 향상시켰다. NMT는 이전의 RBMT나 SMT보다 문장 전체를 더욱 자연스럽게 번역할 수 있으며, 현재 대부분의 상품 번역 시스템에서 사용되는 표준 방식이 되었다(Vaswani et al., 2017).

기계 번역 내에서 NMT는 기계 번역 기술의 일종으로 간주되며, 최근의 발전된 NMT 시스템들은 AI 기반의 언어 모델을 활용하고 있어 때때로 'AI 번역'으로 불리기도 한다. 그러나 엄밀히 말하면 AI 번역은 NMT를 포함해 더 광범위하게 인공지능을 활용한 모든 형태의 번역을 지칭할 수 있으므로, NMT를 포함한 포괄적 개념으로 이해하는 것이 바람직하다. AI 번역과 관련해서는 다음에 나오는 3장과 4장에서 좀 더 구체적으로 다룰 예정이다.

CAT 툴

기계가 번역해 주긴 하지만 기계 번역과는 별개의 개념으로 간주되는 형태의 번역도 존재한다. 바로 CAT (Computer-Assisted Translation) 툴이다. CAT 툴은 인간 번역가의 번역 작업을 지원하는 소프트웨어 도구다. 대표적인 예로는 SDL Trados, MemoQ, Memsource 등의 제품이 있다. CAT 툴을 사용하기 위해서는 크게 번역 메모리(Translation Memory, TM)와 용어집(Term Base, TB)의 개념을 알아야 한다.

우선 TM이란 과거에 번역된 적이 있는 문장을 저장하고 재사용하는 과정으로, 작업의 반복성을 줄이고 일관성을 높이는 데 도움을 준다. 예를 들어 TM 내에 출발어 텍스트로 "I have a white dog."이 저장되어 있고 이에 대응되는 도착어 텍스트가 "나는 하얀 강아지를 가지고 있다."로 저장되어 있다고 가정해 보자. 이 상황에서 번역가가 "I have a white cat."을 CAT 툴에 입력하면 자동적으로 "나는 하얀 강아지를 가지고 있다."라는 번역문을 불러와서 기존 텍스트와 다른 부분인 '강아지' 부분을 강조함으로써 번역가로 하여금 해당 부분만 번역하면 된다는 사실을 알려 준다. TB는 인간 번역가가 해당 번역에 필요하다고 생각하는 전문 용어를 모아 놓은 일종의 단어장으로, 해당 기능을 통해 특정 용어나 표현을 일관되게 유지할 수 있고, 인간 번역가가 번역 작업을 진행할 때 실시간으로 용어에 대한 제안 기능을 활용해 번역 작업의 속도를 크게 향상시킬 수 있다. 예를 들어 TB 내에 'student'가 '학생'과 매칭되어 용어로 저장되어 있는 경우 번역가가 CAT 툴에 "I am a student."라는 문장을 입력하면, 번역 작업 창 내에 '학생'이라는 용어가 제시되어 번역가가 손쉽게 해당 용어를 적용해 번역할 수 있다. TB를 통해 해당 문서 내에서는 용어 간 통일성을 유지할 수 있게 된다. 이와 같은 메커니즘을 통해 기계의 효율성과 인간의 판단력을 결합해 고품질의 번역 결과물을 빠른 시간 내에 생산할 수 있다.

포스트에디팅

기계 번역을 활용하는 사례가 증가함에 따라 포스트에디팅의 필요성이 강조되고 있다. 포스트에디팅이란 기계 번역이 끝난 후(post) 번역문을 수정하는(editing) 과정이다. 즉, 기계 번역으로 생성된 초안을 인간 번역가가 교정하여 완성도를 높이는 것이다. 포스트에디팅의 목적은 번역 품질 향상에 있으며, 인간 번역문을 교정하는 일반적인 감수(revision)와는 구분된다.

포스트에디팅에서는 우선 기계 번역을 통해 번역된 초안이 생성되면, 포스트에디터(post editor)가 해당 결과물을 검토하며 오역이나 의미 누락, 용어 오류 등을 찾아낸다. 이때 필요에 따라 문장 구조를 재배열하고 어색한 표현을 다듬을 수 있다. 때에 따라서는 원문을 참조해 기계 번역이 놓친 뉘앙스를 추가하기도 한다. 이와 같이 포스트에디팅의 절차는 간단하다. 하지만 어느 정도까지 에디팅을 해야 하는지는 그리 간단한 문제가 아니다.

포스트에디팅은 최소한의 수정을 가하여 의미만 제대로 전달하는 데 초점을 두는 라이트 포스트에디팅(Light PE)과, 출판 가능한 수준의 텍스트 품질을 목표로 하는 풀 포스트에디팅(Full PE)으로 구분된다(ISO 18587). 풀 포스트에디팅은 '인간 번역' 수준의 번역 품질을 달성하기 위한 포스트에디팅인 데 반해 라이트 포스트에디팅은 텍스트의 독자가 이해할 수 있는 정도의 품질을 목표로 하고 있지만 그 범위를 정하는 기준이 명확하지는 않다.

풀 포스트에디팅의 경우, 높은 품질의 번역을 얻을 수 있다는 장점이 존재하지만 기계 번역 결과물의 수준에 따라 어떤 경우에는 인간 번역가가 번역하는 것보다 더 많은 시간과 노력이 요구될 수 있다는 단점이 있다. 라이트 포스트에디팅의 경우, 풀 포스트에디팅에 비해 작업 범위가 제한적이기 때문에 빠른 처리 속도와 저렴한 비용이라는 장점을 가지고 있지만 추후 수정 작업이 필요할 수도 있다.

다음 예문을 통해 두 종류의 포스트에디팅에 대해서 알아보자. "이 제품은 하루에 두 번, 시사 후에 복용해야 합니다"라는 출발어 텍스트를 기계 번역하면 "This product <u>must take</u> two times a day after meal."이라는 초안이 생산되었다고 가정해 보자. 이에 대한 라이트 포스트에디팅 버전은 "This product <u>must be taken</u> two times a day after meal."이 될 수 있다. 의미 전달은 가능하지만 자연스러움이나 문법적 완성도는 다소 부족한 편이다. 반면 풀 포스트에디팅 버전은 "You should take this product twice a day after meals."라는 문장으로 수정될 수 있다. 문법, 어휘, 문체까지 모두 다듬어 완성도 높은 결과로 번역문이 재탄생되었다. 이처럼 라이트 포스트에디팅은 오류를 최소한으로 교정해 빠른 결과물을 얻는 데 초점을 맞추며, 풀 포스트에디팅은 독자가 원문과 동일한 수준의 품질을 느낄 수 있도록 정교하게 다듬는 데 목적이 있다. 최근 연구에서는 기계 번역과 인간의 협업을 통한 포스트에디팅이 번역의 효율성과 품질 모두에서 긍정적인 결과를 가져온다고 보고하고 있다 (O'Brien, 2011).

프리에디팅

포스트에디팅이 기계 번역 실행 후 진행되는 작업이라면 프리에디팅은 기계 번역 실행 전에 진행되는 작업이다. 프리에디팅(Pre editing)은 기계 번역의 품질을 사전에 향상시키기 위해 원문의 구조와 표현을 조정하는 작업이다. 다음과 같은 원문이 있다고 가정하자. "Due to the fact that the project was not completed on time, there were delays in the subsequent stages."라는 문장을 "Because the project was late, the next steps were delayed."처럼 간결하게 수정하거나 "In Wed. we have a picnic."을 "In Wednesday, we have a picnic."으로 고쳐서 기계 번역을 실시하면 그 결과가 보다 정확해진다. 프리에디팅은 불필요하게 복잡한 구조, 수동태, 중복 표현 등을 제거하고 명확하고 단순한 문장으로 다듬는 것을 목표로 한다. 이는 특히 기술 문서나 사용자 설명서 등에서 번역 일관성을 확보하고, 후속 작업인 포스트에디팅에서의 수정 부담을 크게 줄이는 데 기여한다(Mossop, 2014).

참고문헌

임형재 외(2023). 《한국어 통번역사를 위한 AI 번역의 이해》. 소통.

Hutchins, W. J. & Somers, H. L.(1992). *An Introduction to machine translation*. London and New York: Academic Press.

Koehn, P.(2010). *Statistical machine translation*. New York: Cambridge University Press.

Mossop, B.(2014). *Revising and editing for translators* (2nd ed.). London and New York: Routledge.

O'Brien, S.(2011). Towards predicting post-editing productivity. *Machine Translation*, 25(3), 197~215.

Vaswani, A., et al.(2017). Attention is all you need. *Advances in Neural Information Processing Systems*, 30, 5998~6008.

03
AI 기반 번역 툴과 활용

오늘날의 AI 번역 기술은 빠르고 유창한 번역 결과를 제공하며 비약적으로 발전하고 있다. 구글 트랜스레이트, 딥엘, 파파고, 마이크로소프트 트랜스레이터 등 대표적인 번역 엔진들은 각기 다른 강점을 지니며, 사용자 목적과 언어쌍에 따라 다양한 활용이 가능하다. 이 장에서는 이러한 엔진들의 기술적 특성과 번역 품질을 비교 · 분석하고, AI 번역의 교육적 · 실무적 활용 방안에 대해 살펴본다.

AI와 난임 극복?

트랜스포머 모델

NMT 번역 중에서도 특히 2017년 발표된 트랜스포머 모델은 어텐션 메커니즘(attention mechanism)을 통해 문장의 전후 맥락을 효과적으로 파악하여 번역 품질을 크게 향상시켰다. 어텐션 메커니즘이란, 입력 문장의 각 단어가 출력 문장의 어떤 단어와 얼마나 관련이 있는지를 학습하여 그 중요도에 따라 가중치를 부여하는 방식이다. 예를 들어 "The cat sat on the mat."이라는 문장을 번역할 때, 어텐션은 "cat"이라는 단어가 "sat" 또는 "mat"과 어떤 의미 연결을 갖는지를 파악해 보다 문맥에 맞는 단어를 선택하도록 돕는다. 이 메커니즘 덕분에 기계 번역은 단순히 단어를 대응시키는 것이 아니라 문맥적 의미를 반영한 자연스러운 문장을 생성할 수 있게 되었다(Vaswani et al., 2017).

현재 대표적인 AI 기반 번역 툴로는 구글 트랜스레이트(Google Translate), 딥엘 트랜스레이터(DeepL Translator), 네이버 파파고(Naver Papago), 마이크로소프트 트랜스레이터(Microsoft Translator) 등이 있다. 각각에 대해서 자세히 알아보자.

구글 트랜스레이트

구글 트랜스레이트는 세계에서 가장 널리 쓰이는 기계 번역 서비스로, 2006년 처음 출시되었다(Dokutech). 초창기에는 RBMT 방식을 사용하다가 곧 통계 기반 SMT로 전환했고, 2016년 구글 신경망 번역(GNMT)을 도입하면서 완전한 NMT 기반 서비스로 거듭났다. GNMT 도입으로 번역 품질이 크게 향상되어 번역문이 더 유창하고 정확해졌으며, 문장을 부분이 아닌 전체 문맥으로 이해하려는 접근법이 채택되었다.

현재 구글 트랜스레이트는 130개 이상의 언어를 지원하고 있고, 범위 면에서는 가장 광범위하며, 텍스트/음성/이미지 인식 번역, 오프라인 번역 등 다양한 부가 기능을 제공한다(Dokutech). 품질 측면에서는 지속적인 딥러닝 개선으로 일반 문장의 번역 정확도가 상당히 높아졌으나, 관용구나 문화 의존적 표현에서는 여전히 한계가 지적된다. 전문 분야에 대해서도 업데이트를 거듭해 기술 문서는 약 85% 수준의 정확도를 보인다는 연구 결과가 있지만 중요한 비즈니스 활용 시에는 여전히 전문 번역사의 검토가 권장되고 있다(Dokutech). 업계에서는 구글 트랜스레이트를 범용성과 편의성 측면에서 높이 평가하지만, 품질은 전문성을 강화한 다른 엔진과 비교되어 왔다. 2024년 언어 서비스 업계 조사에 따르면 전문 번역 회사의 46%가 구글 트랜스레이트를 활용하고 있었는데, 이는 경쟁 서비스인 딥엘의 활용도(82%)보다 낮은 수치다(Dey, 2025).

딥엘 트랜스레이터

딥엘(DeepL)은 2017년 독일에서 출시된 신생 번역 엔진으로, 등장 초기에 구글이나 마이크로소프트 등의 번역 품질을 뛰어넘는 정확성으로 큰 주목을 받았다. 딥엘은 'Linguee'라는 대용량 이중 언어 사전 데이터베이스로부터 학습된 트랜스포머 기반 NMT 엔진으로, 특히 유럽 언어 번역에 강점이 있다는 평가를 받는다. 출시 당시 7개 유럽어를 지원하던 것이 점차 확대되어 현재는 30여 개 언어를 지원하고 있다.

기술적 특징으로 문맥을 고려한 자연스러운 번역이 강점으로 꼽히며, 실제로 긴 문장도 끊김 없이 번역하는 능력도 인정받고 있다. 특히 영어, 독일어, 프랑스어, 스페인어 등 유럽 주요 언어에서 딥엘은 표현의 자연스러움과 세밀한 뉘앙스 처리에서 전문가들로부터 높은 평가를 받고 있으며, 실제로 사용자 체감 만족도 조사에서도 경쟁 엔진 대비 높은 점수를 받은 바 있다(DeepL

GmbH, 2021). 그러나 아시아 언어에서는 지원 언어 수가 제한적이고 번역 품질도 일부 제한적이다.

하지만 자사 모델을 학습시킬 때 고품질 번역 데이터를 선별하고, 수천 명 규모의 전문 언어학자들로부터 편집 피드백을 받아 모델을 개선하는 것으로 알려져 있다(Dey, 2025). 그 결과, 한 조사에서는 기업들이 딥엘을 도입한 후 번역 작업 시간이 90% 단축되고 작업 부담이 절반 수준으로 감소해 투자 대비 345%의 효용을 얻었다는 보고도 있다(Dey, 2025).

다만 한국어 등의 일부 언어쌍에서는 구글 트랜스레이트나 네이버 파파고 대비 어색한 결과가 나오는 경우도 있어 지속적인 개선이 필요해 보인다.

파파고

파파고는 한국의 포털 기업 네이버가 2017년 내놓은 번역 서비스로, 한국어 기반 언어쌍에 최적화된 NMT 엔진이다. '파파고'란 에스페란토어로 앵무새를 뜻하며, 이름처럼 다양한 언어를 흉내 내어 말하는 AI 번역을 지향한다. 파파고는 출시 초기부터 순수 신경망 번역을 채택했으며, 한국어↔영어/중국어/일본어 등 핵심 언어쌍에서 기계 학습을 통한 맥락 고려 번역을 강점으로 내세웠다.

한국어 어순, 조사, 어휘 사용 등 언어적 특성을 반영한 번역 알고리즘을 갖추고 있어 일상적인 대화체나 구어체 번역에서 특히 강점을 보인다. 사용자 인터페이스도 간결하고 모바일 중심으로 최적화되어 있으며, 학습자 및 일반 사용자의 접근성이 뛰어나다. 또한 네이버가 보유한 방대한 웹 텍스트 데이터와 사용자 피드백으로 지속 학습해 품질을 높이고 있다(Naver Cloud, 2025).

파파고는 또한 모바일 앱과 웹에서 모두 사용할 수 있으며, 오프라인 번역 모드(2019년 도입)와 이미지 번역 기능(2020년 도입) 등 현지 사용자 편의를 고려한 기능들도 제공한다. 따라서 여행, 쇼핑, 공항 안내 등 특정 상황별 기능을 탑재한 모바일 앱 UI를 통해 해외 여행 시 관광객들 사이에서 활용도가 높아지고 있다. 실제로 파파고는 이미지 번역, 오프라인 번역, 음성 대화 기능을 바탕으로 한국을 방문하는 외국인과 해외로 나가는 한국인 관광객 모두에게 언어 장벽을 해소하는 실용적인 도구로 활용되고 있다(Stars and Stripes Korea, 2023).

마이크로소프트 트랜스레이터

마이크로소프트 트랜스레이터는 마이크로소프트사의 클라우드 플랫폼 애저(Azure)에 기반한 기업용 번역 솔

루션으로, 100여 개 언어를 지원하고 있다. 마이크로소프트는 다국적 기업을 위한 문서 번역 API, Teams 및 Office 프로그램과의 연동 기능, 그리고 데이터 보안 정책 측면에서 차별화된 신뢰성을 제공한다. 특히 기업 환경에서의 대량 번역 및 협업 툴 통합이 용이하다는 점에서 높은 평가를 받고 있다. 또한 마이크로소프트 트랜스레이터는 실시간 회의 통역, 다자간 채팅 번역, 음성 기반 통역 기능을 통해 국제 회의나 원격 협업 상황에서도 강력한 도구로 활용되며, 마이크로소프트 365 제품군과의 원활한 연동을 통해 비즈니스 현장에서 활용성이 더욱 높아지고 있다(Microsoft, 2023).

번역 엔진 간 차이

다양한 AI 번역 엔진 간에는 기능적 특성과 언어별 성능에서 차이가 존재한다. 구글은 속도와 범용성, 딥엘은 품질 중심의 문장 자연스러움, 파파고는 한국어에 특화된 정확도, 마이크로소프트는 기업 시스템과의 통합성과 안정성에서 각각 장점을 보인다. 실제 사용자 기반 평가에서도 이러한 경향은 반복적으로 확인되고 있다(Toral & Sanchez-Cartagena, 2017), 따라서 번역 목적에 따라 엔진을 선택적으로 사용하는 전략이 중요하다.

≪The Korea Times≫의 5월 24일 자 기사 "To raise or not to raise? The grandparent dilemma in modern Korean families" 중 일부를 이용해서 파파고와 딥엘 번역을 비교해 보았다.

(원문) In May, often celebrated in Korea as "family month," many elderly parents find themselves reconnecting with their children and grandchildren over meals and conversations. And with this reconnection comes a familiar question for many grandparents: should they help raise their grandchildren?

(파파고) 한국에서는 종종 '가정의 달'로 기념되는 5월에 많은 노부모들이 자녀 및 손주와 식사와 대화를 나누며 다시 연결됩니다. 그리고 이러한 연결을 통해 많은 조부모님들에게 익숙한 질문이 떠오릅니다: 손주를 키우는 데 도움을 주어야 할까요?

(딥엘) 한국에서 흔히 '가정의 달'로 기념하는 5월에는 많은 노부모가 자녀 및 손자녀와 함께 식사를 하고 대화를 나누며 다시 소통하는 모습을 볼 수 있습니다. 그리고 이러한 재회와 함께 많은 조부모에게 익숙한 질문, 즉 손자녀의 양육을 도와야 할까?

두 경우 모두 AI가 제시한 번역을 그대로 활용하기에는 무리가 있다. 파파고의 경우 영문의 'double quotation'에 해당하는 기능을 국문의 홑따옴표로 정확하게 전환했지만, 영문의 콜론(:)을 국문의 쌍점으로 그대로 가져오면서 국문의 어법에 맞지 않는 문장이 나왔다. 딥엘의 경우 구두점에는 문제가 없지만 다소 어색한 문장으로 번역을 마무리하고 있다. 이와 같이 활용 측면에서 AI 번역 툴은 초벌 번역, 문서 검토, 외국어 정보 습득, 다국어 커뮤니케이션 지원 등 다양한 목적으로 사용될 수 있다. 그러나 번역 결과물의 품질은 여전히 문맥, 문화적 요소, 전문 용어 등에서 완전하지 않으므로, 전문 번역이 필요한 경우에는 반드시 인간 번역가의 포스트에디팅 또는 인간 번역가와의 협업이 필요하다. 특히 번역 교육이나 번역 업무 초기 단계에서는 AI 번역 결과를 비판적으로 검토하고 수정하는 훈련을 병행함으로써 AI 활용 능력을 향상하는 것이 중요하다.

참고문헌

DeepL GmbH. (2021). DeepL translator. Retrieved from https://www.deepl.com

Dey, M.(2025). DeeL statistics and facts. https://electroiq.com/stats/deepl-statistics/

Dokutech. Google Translate in 2025: Is it Reliable for Translations? https://dokutechtranslations.com/en/google-translate-in-2025-is-it-reliable-for-translations

Naver Cloud.(2025). Papago NMT API를 활용한 나만의 번역서비스 구현하기 #번역기 #파파고 https://blog.naver.com/n_cloudplatform/222272171633

Microsoft.(2023). Microsoft translator for business. https://www.microsoft.com/en-us/translator/business

Stars and Stripes Korea.(2023). Overcoming language barriers with Naver Papago Korean translator app. https://korea.stripes.com/travel/overcoming-language-barriers-with-naver-papago-korean-translator-app.html

Toral, A. & Sanchez-Cartagena, V. M.(2017). A multifaceted evaluation of neural versus phrase-based machine translation for 9 language directions. In Proceedings of the 15th conference of the European chapter of the association for computational linguistics (EACL) (pp. 1063~1073).

Vaswani, A., et al.(2017). Attention is all you need. *Advances in Neural Information Processing Systems*, 30, 5998~6008.

04
AI 번역의 품질 평가와 검증

AI 번역 기술이 고도화됨에 따라 번역 결과물의 품질을 객관적이고 체계적으로 평가하려는 시도가 활발해지고 있다. 자동 평가 지표와 인간 평가 방식, 그리고 이를 바탕으로 한 포스트에디팅 전략은 번역 실무와 교육 양쪽에서 중요한 역할을 한다. 4장에서는 AI 번역 품질 평가의 주요 기준과 실제 적용 사례를 살펴보고, 기술과 인간의 협력이 어떻게 번역 품질을 향상시킬 수 있는지를 구체적으로 탐색한다.

AI와 사주?

AI 번역의 품질 평가

AI 번역의 품질을 평가하는 방식은 전통적으로 자동 평가 방법과 인간 평가 방법으로 나뉜다. 자동 평가는 번역된 문장을 정해진 '정답 번역(참조 번역)'과 비교하여 그 유사성을 수치로 나타내는 방식이다. 대표적인 예로는 BLEU(Bilingual Evaluation Understudy; Papineni et al., 2002), METEOR(Metric for Evaluation of Translation with Explicit ORdering), TER(Translation Edit Rate), COMET(Crosslingual Optimized Metric for Evaluation of Translation; Rei et al., 2020) 등의 지표가 있다.

예를 들어 원문 "그는 학교에 갔다."에 대해 기계 번역을 돌렸을 때 "He went to school."이라는 번역이 나왔고, 참조 번역을 "He went to the school."로 입력했다고 가정해 보자. 두 문장은 단어의 순서와 형태는 거의 동일하며, 관사의 유무처럼 세부적인 차이만 있을 뿐 전체적인 의미 역시 동일하다. BLEU는 이처럼 단어의 중복이나 배열을 비교하며 점수를 매긴다. METEOR는 단순히 단어 일치를 넘어서 어간(stem), 동의어(synonym), 어순 등 다양한 요소를 반영하여 평가하기 때문에 의미 유사성이 높은 경우 더 유연한 평가가 가능하다. 예를 들어 "He went to school."과 "He headed to school."은

BLEU에서는 낮은 점수를 받을 수 있지만 METEOR에서는 동의어로 인식되어 더 높은 점수를 받을 수 있다. TER는 기계 번역 결과를 참조 번역으로 바꾸는 데 필요한 최소한의 편집 횟수(삽입, 삭제, 교체 등)를 기준으로 하며, 예를 들어 참조 번역이 "He is going to school."인데 기계 번역이 "He go school."이라면 두 단어를 고치고 하나를 삽입해야 하므로 TER 점수는 낮아진다. BLEU는 이처럼 단어의 중복이나 배열을 비교하며 점수를 매기고, COMET은 인간 평가 데이터를 학습한 인공지능 모델을 통해 문장 전체의 의미 유사성을 평가한다. 이 방식은 빠르게 수천 개 문장을 자동 평가할 수 있다는 장점이 있지만, 표현의 다양성, 문맥 이해, 문화적 함의와 같은 요소를 완전히 반영하지 못한다는 한계도 지닌다.

번역 평가 모델

자동 평가를 실시하는 동시에 인간 평가가 병행되기도 한다. 이 경우, 주관적 판단이 개입되지만 번역의 유창성(fluency), 적절성(adequacy), 문체, 일관성 등 총체적 품질을 더 세밀하게 측정할 수 있다(TQA, 2022). 이러한 인간 평가 기준은 전통적인 번역학에서 사용되는 평가 기준과 부분적으로 유사하지만, 적용 방식과 강조점에서 차이가 있다. 전통 번역학에서는 번역 텍스트의 수용성, 기능성, 목적 이론(Skopos) 등의 개념을 중심으로 번역의 품질을 해석적이고 기능적으로 평가하는 반면, 기계 번역 품질 평가는 오류의 유형 분류, 정량적 오류 빈도, 편집 거리와 같은 구체적이고 측정 가능한 기준을 중심으로 한다. 따라서 전통적인 번역 평가가 전체적 의미 전달과 독자 반응 중심이라면, 기계 번역 품질 평가는 일관된 오류 분류와 포스트에디팅 용이성을 기준으로 한다는 점에서 차별화된다.

최근에는 MQM(Multidimensional Quality Metrics)이나 DQF(Dynamic Quality Framework)와 같이 다차원적 오류 기반 평가 체계도 도입되어 번역 결과를 오류 유형별로 분석할 수 있다(Lommel et al., 2014). 예를 들어 MQM에서는 번역 오류를 정확성(Accuracy), 유창성(Fluency), 지역성(Locale conventions), 용어 일관성(Terminology) 등 세부 항목으로 나누어 평가하며, 각 항목은 다시 오역(Mistranslation), 생략(Omission), 첨가(Addition), 철자 오류(Spelling) 등 세부 오류 범주로 분류된다. 반면, DQF는 번역 작업의 생산성과 품질을 동시에 고려하며, 오류의 심각도(Severity level: Minor, Major, Critical)를 반영해 평가자가 번역 결과의 어느 정도로 포스트에디팅을 실시할 것인지를 체계적으로 판단할 수 있도록 한다. 이러한 프레임워크들은 특히 기업 번역 환경이나 데이터 주도 번역 평가에서 품질 기준의 일관성을 유지하고, 교육 및 번역 훈련에서 명확한 피드백 도구로도 활용된다.

포스트에디팅 전략

번역 평가 기준은 포스트에디팅 전략을 수립하는 데에도 직접적으로 연결된다. 예를 들어 자동 평가 결과가 높지만 인간 평가에서 문체 오류가 지적된 경우, 풀 포스트에디팅을 통해 문체적 세련도를 보완해야 한다. 반면 이해 가능성과 정보 전달이 중심이 되는 실용 문서에서는 라이트 포스트에디팅만으로도 충분하다.

다음은 이러한 두 가지 포스트에디팅 방식의 차이를 보여 주는 예시를 들어 보겠다. 4장에서 실제 기사를 토대로 파파고 번역 엔진을 돌린 번역문은 다음과 같다.

"한국에서는 종종 '가정의 달'로 기념되는 5월에 많은 노부모들이 자녀 및 손주와 식사와 대화를 나누며 다시 연결됩니다. 그리고 이러한 연결을 통해 많은 조부모님들에게 익숙한 질문이 떠오릅니다: 손주를 키우는 데 도움을 주어야 할까요?"

이 번역문을 라이트 포스트에디팅의 관점에서 살펴보면 '연결'이라는 문구는 가족 간의 관계를 묘사할 때 다소 어색한 부분이 존재하기 때문에 '소통' 및 '재회'로 바꿀 수 있다. 또한 한국어의 맞춤법 내 문장 부호 중 쌍점(:)의 용법 중에는 문장과 문장을 연결하는 기능이 없기 때문에 쌍점을 삭제하는 전략을 취할 수 있다. 이에 따라 번역문을 수정해 보면 다음과 같은 결과물이 나온다.

> 한국에서는 흔히 '가정의 달'로 불리는 5월에 많은 노부모들이 자녀 및 손주와 식사와 대화를 나누며 다시 **소통합니다**. 그리고 이러한 **재회** 속에서 많은 조부모들에게 익숙한 질문이 떠오릅니다. **바로** 손주 양육을 도와야 할까라는 **질문**입니다.

라이트 포스트에디팅의 범위에 대한 정의가 확실하게 정해져 있는 것은 아니지만 정말 글자 그대로 최소한으로 번역문을 수정했음을 알 수 있다. 실제 납기되는 수준의 번역에는 많이 미치지 못한다. 예를 들어 '자녀 및 손주와 식사와' 구문의 경우, '~와'라는 조사가 반복되기 때문에 '자녀 및 손주들과 함께 식사하면서 대화를 통해 다시 소통합니다'라는 문장이 되어야 원문의 내용을 전달하면서 가독성이 떨어지지 않는 문장이 될 수 있는 것이다.

풀 포스트에디팅을 한 문장의 예시는 다음과 같이 나올 수 있다.

> 한국에서 5월은 '가정의 달'로 널리 알려져 있으며, 이 시기에 많은 노부모들은 자녀와 손주들과 식사하고 대화를 나누며 관계를 회복합니다. 그리고 이러한 만남 속에서 많은 조부모들은 익숙한 고민과 마주하게 됩니다. '내가 손주 양육을 도와야 할까?'라고 말이죠.

최소한의 수정만 실행한 라이트 포스트에디팅과는 달리, 풀 포스트에디팅은 문장의 자연스러움과 문체의 일관성, 독자의 수용성까지 고려해 전반적인 품질을 높이는 방식으로 접근한다.

기술과 인간의 협력

이처럼 라이트 포스트에디팅은 의미 전달 중심의 실용적인 문서에, 풀 포스트에디팅은 유창성과 문체의 정교함이 요구되는 텍스트에 적합하다. 어떤 전략을 취할지 인간 번역가 혹은 포스트에디터가 적절하게 선택한다면 번역 품질 향상뿐만 아니라 효율적인 작업 배분에도 긍정적인 영향을 미칠 수 있다.

또한 번역 품질에 대한 예측 모델을 바탕으로 작업 유형을 선별하거나, 번역가의 피드백 데이터를 활용한 인간 중심 품질 예측(Human-in-the-loop MT Evaluation) 방식도 주목받고 있다(O'Brien, 2011; Freitag et al., 2021). 예측 모델은 인공신경망 기반의 품질 추정(Quality Estimation, QE) 기법을 활용해 참조 번역 없이도 기계 번역 결과의 품질을 사전에 예측할 수 있도록 한다. 예를 들어 QE 모델은 문장 수준에서 '이 번역이 편집 없이 사용 가능한가'를 판단하거나, 단어 단위에서 오류가 발생할 가능성이 높은 부분을 강조하는 방식으로 활용된다. 이를 통해 인간 번역가는 보다 효율적으로 포스트에디팅의 범위와 강도를 조정할 수 있는 것이다.

예측 모델의 가장 대표적인 지표로는 코멧(Cross-lingual Optimized Metric for Evaluation of Translation, COMET)을 들 수 있다. 코멧은 번역의 전반적인 의미와 유창성을 인간 평가와 유사하게 평가하기 때문에 기계 번역 결과물의 품질을 객관적인 점수로 나타낼 수 있다(Xu et al., 2024). 이를 통해 번역가 혹은 에디터는 어떤 문장이 더 많은 주의를 필요로 하는지, 어떤 번역 엔진이 특정 작업에 적합한지 등 작업의 우선순위를 효율적으로 설정할 수 있다. 예를 들어 코멧 점수가 낮은 문장부터 우선적으로 검토함으로써 작업 시간을 절약하고 효율성을 높일 수 있는 것이다.

이러한 품질 예측 모델 위에 인간 번역가 혹은 에디터의 직관과 경험이 더해질 때 기술과 인간의 협업은 더욱 효과적으로 구현된다. 휴먼 인 더 루프(Human-in-the-loop) 방식은 인간이 전적으로 결과를 수정하거나 평가하는 것이 아니라 AI가 먼저 품질을 예측하고 인간이 이를 검토하고 피드백을 제공함으로써 점차 시스템이 정교화되는 구조를 구현할 수 있다.

결론적으로 AI 번역 품질 평가는 기술적 정밀성과 인간적 직관을 아우르는 통합적 접근법이 요구되며, 각 평가 방식은 번역 실무, 교육, 연구 상황에 따라 적절히 선택되고 조합되는 방향으로 나아가야 할 것이다.

참고문헌

Lommel, A., et al.(2014). Multidimensional quality metrics (MQM): A framework for declaring and describing translation quality metrics. *Tradumàtica*, 12, 455~463.

Papineni, K., et al.(2002). BLEU: A method for automatic evaluation of machine translation. In Proceedings of the 40th annual meeting on association for computational linguistics (pp. 311~318).

Rei, R., et al.(2020). COMET: A neural framework for MT evaluation. In Proceedings of the 2020 conference on empirical methods in natural language processing (EMNLP) (pp. 2685~2702).

TQA.(2022). Translation quality assessment guidelines. Translation Quality Assessment Association.

Xu, H., et al.(2024). A paradigm shift in machine translation: Boosting translation performance of large language models. Conference paper of ICLR.

05
기계 통역의 환상과 실제

언어 장벽을 넘어서는 기술인 기계 통역은 오랫동안 인간의 상상력을 자극해 온 영역이다. 영화나 광고 속에서 묘사되는 통역 기술은 즉각적이며 완벽한 의사소통을 가능케 하는 도구로 그려진다. 그러나 이러한 기대는 실제 기술 수준과는 간극을 보이며, 현실의 통역 현장과 교육에 중요한 함의를 남긴다.
5장에서는 기계 통역 기술의 개념과 한계를 짚어보고, AI 통역 기술의 발전 양상과 함께 통역 교육, 인간 통역사의 정체성 변화에 대해 고찰한다.

AI와 아이돌?

기계 통역에 대한 대중의 기대

기계 통역은 오랜 시간 동안 대중의 상상력을 자극해 왔다. 영화나 드라마, SF소설에서는 언어 장벽을 단숨에 허무는 신비로운 AI 통역기가 빈번하게 등장한다. 대표적으로 〈스타트렉〉의 '유니버설 트랜스레이터'나 영화 〈도라에몽〉 속 '번역 젤리'는 단지 기기를 착용하거나 먹기만 해도 상대 언어를 즉시 이해할 수 있다는 환상을 제공했다. 이러한 문화 콘텐츠는 AI가 인간 언어를 완벽히 이해하고 통역할 수 있다는 기대를 확산시키는 데 크게 기여해 왔다(Cronin, 2013).

현실에서도 이러한 기대는 다양한 기업의 기술 마케팅과 결합해 더욱 고조되고 있다. 최근 삼성전자는 '갤럭시 AI(Galaxy AI)'와 '갤럭시 버즈(Galaxy Buds)'를 활용한 실시간 통역 기능을 강조한 광고를 국내외에 선보였다. 광고에 등장하는 한 여성은 프랑스 한 박물관의 도슨트 강의를 들으려고 하고 있다. 착용하고 있던 갤럭시 버즈의 실시간 번역 기능을 켜고 나니 도슨트가 설명하는 내용이 영어 문장으로 구성된 음성으로 바뀌고 해당 내용의 텍스트는 스마트폰 화면으로 전사된다. 이러한 장면은 단순히 기술 소개를 넘어, 사용자들에게 '기계 통역만으로도 충분하다'는 신뢰를 심어 주기에 충분하다.

하지만 광고나 문화 콘텐츠에서는 통역 과정에서 발생할 수 있는 오류, 맥락 누락, 의미 왜곡 등의 한계를 제대로 보여 주지 않으며, 기술의 성능을 과장하는 경향이 있다. 예를 들어 복잡한 대화의 흐름이나 은유적 표현, 감정이 섞인 표현 등을 정확히 통역하기 어려움에도 불구하고, 광고 속 기계 통역은 마치 인간 통역사처럼 유창하고 완벽한 결과를 즉각적으로 산출하는 듯한 이미지를 심어 준다. 이러한 간극은 사용자로 하여금 기계 통역을 과신하게 만들고, 때로는 중요한 커뮤니케이션 상황에서 오해나 의사소통의 단절로 이어질 수 있다. 기술에 대한 올바른 이해와 함께, 기계 통역이 잘할 수 있는 영역과 그렇지 못한 영역을 구분해 사용하는 판단력이 요구된다.

기계 통역 기술의 원리와 한계

기계 통역의 기술은 기본적으로 음성인식(Automatic Speech Recognition, ASR), 기계 번역, 음성 합성(Text to Speech, TTS)이라는 세 단계의 기술이 통합된 구조를 기반으로 작동한다. 사용자의 발화는 먼저 ASR을 통해 텍스트로 전환되고, 이 텍스트가 MT 엔진을 거쳐 목표 언어로 번역된 뒤, TTS 시스템이 번역된 텍스트를 다시 음성으로 출력하는 방식이다.

이 기술 구조는 단순해 보이지만, 실제 구현에는 다양한 복잡성이 존재한다. ASR의 경우 방언, 억양, 배경 소음 등에 영향을 받기 쉬우며, MT 단계에서는 번역 품질이 일관되게 유지되지 않거나 문맥 및 발화 의도를 오인하는 문제가 빈번하게 발생할 수 있다. TTS는 그 결과를 자연스럽고 정확한 억양으로 전달해야 하는 또 다른 과제를 안고 있다.

또한 실시간 통역의 경우, 연사자의 발화와 기계 통역 결과물 출력 간 시간 지연(latency)이 발생할 수 있다. 특히 한국어-영어 간 통역은 어순이 다르기 때문에 출력물 자체가 안정적으로 제공되지 못하는 경우가 많다. 왜냐하면 한국어는 후반부에 가서야 정확하게 어떤 메시지가 전달되는지를 알 수 있는 문장이 많아서 출력물 문장이 계속 수정되기 때문이다.

이에 따라 실제 통역 현장에서는 기계 통역 기술이 하나의 독립적 수행 도구라기보다 보조적 장치로 활용되고 있다. 예를 들어 통역사들은 통역에 들어가기에 앞서 구글 트랜스레이트, 네이버 파파고 등 음성 인식 기반 번역 앱을 통해 화자의 발화를 사전에 분석한다. 혹은 ASR 기반 도구들을 활용해 실제 연사의 발화 내용을 텍스트로 변환해 눈으로 보고 따라가면서 동시통역을 수행하기도 한다.

따라서 현재의 기계 통역 기술은 기본적인 의사소통을 보조할 수 있는 수준에는 도달한 것으로 판단된다. 하지만 전문 분야의 통역이나 문화적 뉘앙스가 중요한 상황에서는 여전히 인간 통역사의 역할이 필수적이다.

기계 통역과 AI 통역

'기계 통역'과 'AI 통역'은 종종 같은 의미로 사용되지만, 기술적 구조와 처리 방식에서는 분명한 차이가 존재한다. 기계 통역의 경우, 각각의 기술이 분리되어 작동하며, 발화-텍스트-번역-음성의 흐름을 순차적으로 처리한다. 이 시스템은 정해진 언어적 패턴이나 통계적 상관성에 의존하며, 문맥 전체보다는 단일 발화 단위에 집중하는 경향이 있다(Arenas & Moorkens, 2019).

반면 AI 통역은 이러한 모듈을 인공지능 기반으로 통합하고, 사용자 발화의 의도, 정서, 맥락 등을 신경망이 종합적으로 분석해 반응하는 방식이다. 특히 트랜스포머 기반의 NMT는 문장 간 문맥 관계를 파악하고, 동적 어텐션 메커니즘을 통해 의미 단위별로 중요도를 판단해 통역 결과를 생성한다(Vaswani et al., 2017).

이러한 구분 속에서 삼성전자의 최신 스마트폰에 탑재된 갤럭시 AI 통역 기능은 기계 통역의 구조를 기반으로 하되 AI 기술을 접목해 통합형으로 구현된 대표적인 사례로 볼 수 있다. 갤럭시 S24 시리즈부터 본격적으로 상용화된 이 기능은 음성 인식, 번역, 음성 합성을 실시간으로 연결하며, 스마트폰과 갤럭시 버즈 간의 연동을 통해 더 자연스러운 사용자 경험을 제공하고 있다. 특히 사용자의 발화를 텍스트로 전사하고 해당 내용을 바로 번역 · 출력하는 과정은 기존의 단순 기계 통역을 넘어서려는 AI 기반 통역의 초기 구현 사례라 할 수 있다. 그러나 이 기능 역시 문맥 추론이나 발화 의도 해석의 측면에서는 여전히 한계가 있으며, 인간 통역사의 고차원적 판단력까지는 구현하지 못하고 있다.

따라서 현재 상용화된 대부분의 통역 앱이나 장치는 '기계 통역'과 'AI 통역'의 중간 지점, 즉 AI 통합 기술의 과도기적 형태에 속한다고 볼 수 있다. 이 구분을 명확히 인식하지 못하면 사용자들은 기계 통역의 성능을 과대평가하거나 인간 통역사의 고유한 역할을 경시하는 오류에 빠질 수 있다. 기술의 발전 단계에 대한 올바른 이해는 통역 기술의 효과적인 활용뿐 아니라 AI 리터러시 교육에도 중요한 기초가 된다.

통역 교육과 기계 번역 활용

인공지능 기술의 발전은 통역 교육 분야에도 혁신적인 변화를 요구하고 있다. 과거에는 통역 준비 및 사후 관리 단계에 집중되었던 컴퓨터 보조 통역(Computer Assisted Interpretation, CAI) 도구들이 이제는 실시간 통역 보조 기능을 통합하며 통역 교육의 새로운 패러다임을 제시하고 있다(최문선, 2022).

우선 기계 통역 교육에서 가장 중요한 부분은 통역 학습자들로 하여금 기술 활용 능력을 함양할 수 있도록 커리큘럼을 설계하는 것이다. 미래 통역사들이 AI 기반 기술에 익숙해지고 이를 효과적으로 활용할 수 있도록 훈련함으로써 향후 통역 현장에서 학습자들이 AI 도구를 활용해 생산성과 효율성을 높이도록 도와주는 교육이 필요하다. 여기에는 보조 툴 자체를 사용하는 능력도 포함되지만 프롬프트 엔지니어링이나 포스트에디팅에 대한 능력도 강화시켜야 할 요소라고 본다. 이와 같이 AI와 관련된 사용법을 가르치는 범위를 넘어 AI의 윤리적 및 사회적 함의, 잠재적 편향, 그리고 미래 고용 시장에 미칠 영향 등을 이해할 수 있도록 비판적 AI 리터러시라는 개념도 최근 소개되었다(Giustini & Dastyar, 2024).

기계 통역과 통역사의 역할

기계 통역 기술의 발전은 인간 통역사의 역할과 정체성에 대한 재고를 요구하고 있다. 통역사가 단순히 '말을 옮기는 사람'이라는 인식은 점차 변화하고 있으며, 기술과의 협업 속에서 통역사의 고유한 전문성은 오히려 더 강조되고 있다. 특히 다중 화자 간의 맥락 조율, 발화의 의도 파악, 문화적 함축의 전달, 그리고 비언어적 요소의 해석 등은 여전히 인간 통역사만이 수행할 수 있는 영역으로 남아 있다(Cronin, 2013).

또한 통역사는 단순한 언어 전달자에서 상황 중재자(mediator)로의 전환을 맞이하고 있다. 회의, 상담, 협상 등 다층적인 대화 맥락에서 통역사는 기술적 언어 전환을 넘어 상호 문화적 이해와 조율 기능을 수행하며, 이 과정에서 기계 통역 결과물을 참조해 비판적으로 해당 내용을 수용할 수 있는 역량이 더욱 중요해지고 있다.

이러한 변화는 당연히 통역 교육에도 반영되어야 한다. 최문선(2020)은 통역사를 '기계와의 협업 능력'을 갖춘 다기능 전문가로 재정의하며, 기술 해석력, 품질 점검력, 통역 상황에 대한 윤리적 판단력까지 포함하는 새로운 커리큘럼이 필요함을 강조한다. 이는 단순히 기계의 출현에 대응하는 차원이 아니라 기술을 전략적으로 활용하고 통역의 질을 보장할 수 있는 '융합형 전문가'로의 진화를 뜻한다.

결국 통역사는 기계와의 관계가 '경쟁'이 아닌 '협업'으로 재정의되어야 한다. 기계가 처리하지 못하는 '여백'을 메우고, 인간 중심의 소통을 지향하는 새로운 정체성이 바로 기계 통역 시대 통역사의 핵심 과제가 될 것이다.

참고문헌

최문선(2022). 기계와 협업하는 인간 통역: 컴퓨터 보조 통역의 최근 기술 동향. 《통번역학연구》, 133~163쪽.

Arenas, A. G. & Mooken, J.(2019). Machine translation and post-editing training as part of a master's programme. *The Journal of Specialised Translation*, 31, 217~238.

Cronin, M.(2013). *Translation in the digital age*. London and New York: Routledge.

Giustini, D. & Dastyar, V.(2024). Critical AI literacy for interpreting in the age of AI. *Interpreting an Society: An Interdisciplinary Journal*, 4(2), 196~213.

Vaswani, A., et al.(2017). Attention is all you need. *Advances in Neural Information Processing Systems*, 30, 5998~6008.

06
AI 시대의 통역

2016년 신경망 번역의 등장으로 기계 번역은 혁신적 전환점을 맞았고, 이제 스마트폰만으로도 실시간 동시통역이 가능해졌다. AI 통역은 음성 인식부터 감정 표현까지 통합하며 인간 통역사의 영역을 위협하고 있다. 인간 통역과 AI 통역의 경계는 어디까지 흐려질까? 두 영역이 경쟁이 아닌 상호 보완적 공진화의 길을 걸을 수 있을까?

AI와 야구?

AI 통역 기술의 발전과 현실

21세기 초반만 해도 기계 번역은 언어학자와 통역사들 사이에서 냉소적인 평가를 받기 일쑤였다. 하지만 2016년 이후 신경망 번역과 생성형 AI, 특히 대규모 언어 모델이 등장하면서 이런 회의론에 균열이 생기기 시작했다. 최근 몇 년 사이 AI 기반 통역 기술은 단순한 텍스트 번역을 넘어 음성 인식, 실시간 전환, 다중 언어 처리까지 통합하면서 인간 통역사의 일자리를 위협하는 존재로까지 부상했다.

현재 AI 통역 시스템은 음성 인식, 기계 번역, 음성 합성이라는 세 단계가 동시에 일어나 실시간 통역을 구현한다(배문정, 2023). 구글, 네이버, 딥엘 같은 기업들이 각자의 모델을 발전시키면서, 짧은 문장이나 일상 대화 수준에서는 이미 상용화 수준에 도달했다. 구글 번역 앱만 해도 사용자가 말한 내용을 바로 번역해서 음성으로 들려줄 수 있어서 관광이나 쇼핑, 간단한 업무 회의에서는 꽤 유용하게 쓰이고 있다.

실제로 AI 통역을 써 본 사용자들의 반응은 다면적이다. 신속성과 접근성 면에서는 정말 좋다고 평가한다. 특히 통역사 섭외가 어려운 소규모 회의나 예산이 부족한 비영리 행사, 일회성 온라인 미팅 같은 상황에서는 AI

통역이 훌륭한 대안이 된다. 하지만 문제도 있다. 사용자들이 공통으로 지적하는 건 '맥락을 무시한다', '감정 전달이 부족하다', '기계적인 어투가 어색하다' 같은 점들이다.

스마트 기기 속의 동시통역

불과 10여 년 전만 해도 동시통역이라고 하면 국제회의장에서 헤드셋을 끼고 앉아 있는 전문 통역사의 모습이 떠올랐다. 그들이 화자의 말을 거의 실시간으로 해석해서 청중에게 전달하는 모습은 그야말로 전문성의 상징이었다. 그런데 지금은 어떨까? 놀랍게도 그런 동시통역이 우리 손바닥 안의 스마트폰에서 구현되고 있다.

이런 놀라운 변화가 가능해진 배경에는 세 가지 핵심 기술의 발전이 있다. 먼저 모바일 프로세서의 성능이 엄청나게 좋아졌다. 애플의 A17 Pro나 퀄컴의 스냅드래곤 8 Gen 3 같은 최신 칩들은 이제 PC 수준의 연산 능력을 자랑하고, AI 전용 NPU까지 탑재해서 복잡한 AI 작업도 척척 해낸다. 여기에 12GB가 넘는 RAM과 1TB 저장공간까지 더해지면서, 웬만한 대용량 언어 모델도 스마트폰 안에서 돌릴 수 있게 되었다. 마지막으로 5G 네트워크 덕분에 클라우드 AI 서비스와의 연결도 빨라졌다.

2024년 7월, 삼성전자가 갤럭시 AI를 선보이면서 스마트폰 통역의 판도가 완전히 바뀌었다. 가장 인상적인 건 메시지 앱에서도 실시간 통역이 된다는 점이다. 카카오톡, 위챗, 텔레그램, 인스타그램 등에서 한국어로 메시지를 보내면 상대방에게는 그들의 언어로 번역되어 전달된다. 정말 신기하지 않나?

갤럭시 폴드의 듀얼 스크린은 더욱 재미있다. 기기를 접어서 테이블에 놓고 마주 앉아 대화하면, 각자 화면에 상대방의 말이 번역되어 자막처럼 뜬다. 심지어 음성의 톤까지 분석해서 화자의 감정 상태를 색깔로 보여 주니, 단순한 번역을 넘어서 감정까지 전달하려는 노력이 엿보인다.

이런 기술 발전이 가져온 가장 큰 변화는 '통역의 일상화'다. 예전에는 통역이 필요하면 별도 앱을 깔거나 전문가를 불러야 했는데, 이제는 카메라나 계산기 쓰듯이 자연스럽게 통역 기능을 사용한다. 해외여행 가서 식당에서 메뉴 주문할 때, 길 물어볼 때, 쇼핑하면서 가격 흥정할 때 스마트폰을 테이블에 놓고 서로 번갈아 말하는 모습이 이제는 전혀 어색하지 않은 풍경이 되었다.

대학생들도 영어 강의 들을 때 실시간 번역을 활용하고, K-pop 팬들은 아이돌의 해외 인터뷰를 실시간으로 번역해서 본다. 통역이 특별한 상황에서만 쓰이는 게 아니라 정말 일상의 일부가 된 셈이다.

특히 주목할 만한 건 '온디바이스' 방식이다. 번역이 외부 서버가 아닌 스마트폰 안에서 바로 이루어진다는 뜻인데, 이게 생각보다 엄청난 장점들을 가져다준다. 인터넷이 안 되는 곳에서도 통역이 가능하고, 병원이나 법무법인 같은 곳에서 민감한 대화를 할 때도 음성 데이디가 밖으로 새어 나갈 걱정이 없다. 게다가 클라우드 서비스처럼 사용할 때마다 돈이 나가는 것도 아니니 경제적이기까지 하다.

통역 기술은 여기서 멈추지 않고 이어폰, 스마트워치, 심지어 스마트 반지까지 확장되고 있다. 삼성 갤럭시 링은 손가락으로 톡톡 두드리기만 하면 통역 모드가 켜지고, 애플 에어팟 프로는 공간 음향 기술로 번역된 목소리가 마치 상대방이 직접 말하는 것처럼 자연스럽게 들린다. 구글 픽셀 버즈는 무려 40개 언어를 지원하면서 대화 중에 어떤 언어인지 알아서 감지해 준다.

이제 통역을 위해 별도로 뭔가를 꺼내거나 앱을 실행할 필요도 없다. 평소에 착용하고 있는 기기만으로도 언제든지 통역 서비스를 이용할 수 있게 된 것이다. 정말 놀라운 시대가 아닐 수 없다.

사용자 선호도: 인간 vs AI vs 자막

2023년 흥미로운 실험이 있었다. 금융기관 실무자 40명을 대상으로 인간 통역, AI 통역, 자막 이렇게 세 가지 방식을 직접 체험하게 한 뒤 선호도를 조사한 것이다(배문진, 2023). 결과가 좀 의외였다.

- 자막: 37.5%
- 인간 통역: 35%
- AI 통역: 22.5%

자막이 1위라니, 처음엔 놀랐는데 자세히 보니 이유가 있었다.

인간 통역을 선호한 사람들은 '발화의 억양', '강조점', '인간적인 감정 전달'을 이유로 들었다. AI 통역보다 덜 정확하더라도 듣기 편하고, 화자의 숨결이 느껴져서 몰입감이 높다는 것이다.

자막을 선호한 사람들은 대체로 영어를 잘하는 사용자들이었다. 원문을 직접 듣고 확인하면서 자막을 보완적으로 활용할 수 있어서 좋다고 평가했다.

AI 통역을 선호한 사람들은 '끊김이 없음', '일관된 문장 구조', '속도감 있는 번역'을 장점으로 꼽았지만, 장시간 들으면 기계음 때문에 피로하다는 의견도 많았다.

여기서 중요한 발견이 하나 더 있었는데, 인간 통역사의 '품질'이 선호도에 큰 영향을 미쳤다는 점이다. 통역 품질이 '상'일 때는 AI보다 훨씬 높은 선호를 받았지만, '하'로 평가되면 오히려 AI 쪽에 손을 들어 주는 사람들이 많았다. 결국 사용자들은 기술적 정확성뿐만 아니라 '신뢰감'과 '몰입감' 같은 정서적 요인도 중요하게 생각한다는 뜻이다.

모든 사용자 경험이 긍정적인 것은 아니다. 특히 고차원적인 논의, 감정 전달, 문화적 함의가 개입된 상황에서는 AI 통역의 한계가 드러난다. 다국적 기업 간의 계약 협상, 정치인 간의 기자회견, 혹은 감성적 교감이 필요한 의료 상담 등에서는 기계적인 번역이 오히려 오해를 낳을 수 있다. 또한 음성 인식 과정에서 발생하는 발화 오류, 억양 무시, 속도 차이 등은 청자의 이해를 방해하는 요소가 될 수 있다.

미래 전망: 경계의 흐림과 공진화

인간 통역사는 단순히 언어를 바꿔 주는 기계가 아니다. 발화자의 말 속에 숨어 있는 맥락, 문화적 배경, 어조의 미묘한 차이, 심지어 표정과 몸짓까지 해석해서 듣는 사람의 언어로 전달하는 역할을 한다. 이게 바로 '상호작용적 통역'의 본질이고, 아직은 인간만이 할 수 있는 고차원적 기능이다.

게다가 인간 통역사는 '중재자' 역할도 한다. 협상 현장에서 감정을 조율하고, 위기 상황에서 분위기를 전환하고, 문화적 오해를 방지하는 일들 말이다. 특히 의료, 법률, 외교 분야에서는 단어 하나의 뉘앙스가 결과에 엄청난 영향을 미치기 때문에 인간 통역사의 역할이 오히려 더 중요해지고 있다.

물론 AI 통역의 발전을 무시할 수는 없다. 반복적이고 구조화된 정보를 전달하거나, 다국적 회의에서 1차 정보를 제공하거나, 비공식적인 커뮤니케이션에서 효율성을 높이는 데는 AI가 압도적이다.

특히 다국어 처리 능력은 정말 대단하다. 한 회의에서 한국어, 영어, 스페인어, 아랍어가 모두 필요한 상황이라면? AI 시스템 하나로 실시간 번역이 가능하다. 이건 인간 통역사가 가진 언어적 한계를 완벽하게 보완해 주는 부분이다.

이러한 기술 발전은 통역의 개념 자체를 흐려 놓는다. '통역사'의 정의가 무엇인가? 과거에는 외국어를 구사하며 양자 간 소통을 중개하는 전문가를 지칭했다. 그러나 이제는 누구나 손에 든 기기로 통역을 수행할 수 있는 시대가 되었다. 이에 따라 통역은 전문 기술에서 하나의 일상 언어 활동 도구로 변모하고 있다.

이러한 흐름은 통역사라는 직업의 위상을 재정립하도록 요구한다. 인간 통역사는 반복적인 정보 전달에서 벗어나 고차원적 의사 결정, 감정적 연결, 중재와 조율의 영역으로 전문성을 확장해야 한다.

앞으로 사용자들은 상황에 따라 인간 통역과 AI 통역을 골라 쓰게 될 것이다. 중요한 건 단순히 어느 쪽이 더 좋냐가 아니라, 각각의 장단점을 정확히 이해하고 상황에 맞게 전략적으로 활용하는 것이다.

통역 서비스의 미래는 인간과 AI가 서로 경쟁하는 구조가 아니라, 상호 보완을 하면서 함께 발전해 나가는 방향이어야 한다. 교육과 정책, 산업 설계도 이런 복합적인 현실을 반영해야 한다. 결국 인간 통역과 AI 통역의 경계는 점점 흐려지고 있지만, 완전히 사라지지는 않을 것이다. 각자의 고유한 영역과 가치가 있기 때문이다.

참고문헌

김영대 · 송진원(2024). 카톡 실시간 통역까지… 진화한 갤럭시 AI. ≪MIDAS≫, 66~67쪽.

김혜림(2024). 인공지능(AI)기술의 전문통역 교육 활용 방안: 챗GPT를 중심으로. ≪통역과 번역≫, 27~65쪽.
배문정(2023). 통역 사용자를 대상으로 한 통역 모드 선호도 조사: 인간 통역, AI 통역, 자막 비교. ≪번역학연구≫, 592~606쪽.
이상빈(2024). AI 시대의 도전과 대학의 통번역 교육. ≪T&I REVIEW≫, 67~82쪽.
진실희(2024). 생성형 AI 활용 통역 교육 사례연구: 챗GPT를 활용한 비즈니스 통역 수업 설계를 중심으로. ≪통번역학연구≫, 187~214쪽.

07
노벨문학상에 도전하는 AI

2024년 노벨과학상은 그야말로 충격 그 자체였다. 물리학상과 화학상을 AI 연구자들이 싹쓸이한 것은 물론, 스웨덴 한림원마저 'AI 번역 검증 시스템'과 '정서 공명 지수' 도입을 진지하게 논의하기 시작했다. 한강의 『채식주의자』 번역 대결에서 AI는 문법 완성도 92%를 기록했으나, 문화적 뉘앙스 전달은 고작 35%에 머물렀다. 과연 기계가 인간의 창작 영역을 완전히 대체할 수 있을지, 문학계는 지금 논의가 분분하다.

AI와 윤동주?

AI 혁명과 노벨상의 패러다임 변화

2024년 노벨과학상 시상식은 인공지능이 학계의 주인공으로 완전히 자리 잡은 역사적 순간이었다. 존 홉필드와 제프리 힌턴의 물리학상 수상, 그리고 데미스 허사비스와 존 점퍼의 화학상 수상은 단순한 개별 연구 성과를 넘어 AI 기술 전반의 학문적 위상을 보여 주는 상징적 사건이었다.

홉필드가 1982년 개발한 신경망 모델과 힌턴의 1986년 역전파 알고리즘은 오늘날 우리가 사용하는 모든 딥러닝 기술의 뿌리가 되었다. 한편, 알파폴드2가 보여준 단백질 구조 예측의 정확성은 생명과학 연구에 혁명적 변화를 불러왔다. 이처럼 컴퓨터 과학 연구가 자연과학 분야 노벨상을 석권한 것은 전례 없는 일이었고, 자연스럽게 문학계에서도 "과연 AI가 창작의 영역까지 침범할 수 있을까?"라는 근본적 질문이 제기되기 시작했다(조재학, 2024).

문학계의 AI 도입 시도와 한계

스웨덴 한림원 내부에서도 이러한 기술적 변화에 대한 논의가 활발해지고 있다. 2024년 10월 진행된 비공개회의에서는 GPT-4를 활용한 번역 검증 시스템 도입 가능성이 검토되었다고 알려졌다. 신경망 기계 번역 기술이 원작과 번역본 사이의 의미 일관성을 82% 수준까지 유지할 수 있다는 연구 결과가 이러한 논의의 배경이 되었다.

특히 주목할 만한 것은 '정서 공명 지수(Affective Resonance Index)'라는 새로운 평가 도구의 개발이다. 감정 분석 자연어 처리 기술을 바탕으로 한 이 시스템은 2026년 시범 도입을 목표로 하고 있다. 문학 작품이 독자에게 전달하는 감정적 충격력을 수치화해 심사위원들의 주관적 판단을 보완하겠다는 취지다. 물론 이러한 시도가 문학의 본질을 훼손할 수 있다는 우려도 만만치 않다.

최초의 협업 모델로서 울프 화학상(Wolf Prize in Chemistry)을 받은 데이비드 베이커의 단백질 설계 연구는 AI와 인간이 어떻게 협력할 수 있는지를 보여 주는 훌륭한 사례다. 이러한 협업 모델이 문학 창작 분야로도 확산하고 있다. 구글 딥마인드가 2025년 3월 공개한 '리릭스(LYRiCS)'는 문학적 은유를 생성하는 알고리즘으로, 시적 표현 생성에서 인간의 독해 능력을 34%나 향상했다는 평가를 받았다.

이에 발맞춰 스웨덴 작가협회는 2025년 6월부터 'AI 보조 창작물'에 대한 분류 기준을 마련하기 시작했다. 현재 논의되는 방안에 따르면, 창작 과정에서 AI의 기여도가 50% 미만일 경우 전통적인 문학 작품으로 인정하겠다는 것이다. 하지만 이는 노벨문학상 규약 제6조에 명시된 '인간 정신의 탁월성 추구'라는 근본 원칙을 어떻게 해석할 것인가라는 더 큰 문제를 제기한다.

번역 기술의 발전도 문학계에 큰 변화를 예고하고 있다. NeuRL(Neural Real-time Literature) 시스템이 완성되면 2040년경에는 150개 언어 간 실시간 번역이 가능해질 것으로 전망된다. 이는 한강의 『채식주의자』 영어 번역본을 둘러싼 오역 논란 같은 문제들을 상당 부분 해결할 수 있을 것이다. 더 나아가 지금까지 언어의 장벽 때문에 세계적 주목을 받지 못했던 소수 언어 문학작품이 글로벌 독자들과 만날 기회도 많이 늘어날 것이다.

하지만 기술의 한계도 여전히 존재한다. 2024년 12월 노벨상 시상식에서 한강이 한국어로 수상 소감을 전달하려던 시도가 기술적 문제로 무산된 사건은 상징적이었다. 아무리 AI 기술이 발전해도 인간 언어가 담고 있는 미묘한 뉘앙스와 문화적 정서를 완벽하게 포착하기는 여전히 어렵다는 것을 보여 준 사례였다. 이는 오히려 인간 번역가의 역할이 얼마나 중요한지를 다시 한번 확인시켜 주었다.

AI 번역의 한계와 문화적 맥락 상실

2024년 10월, 문학 번역계에 흥미로운 실험이 진행되었다. 한강의 『채식주의자』 중 세 장면을 챗GPT(4o), 딥엘, 그리고 데보라 스미스의 인간 번역본으로 각각 번역한 후 블라인드 평가를 실시한 것이다. 결과는 예상과 다른 면이 있었다. AI 번역은 문법적 정확성에서는 92.3%라는 높은 점수를 기록했지만, 문화적 함의 전달력에서는 34.7%에 그쳤다.

가장 극명한 차이를 보인 것은 "개가 주인공을 문 죄로 보신탕이 되다"라는 구절이었다. 딥엘은 이를 'dog meat soup as punishment for biting'이라고 직역했는데, 이는 원작이 담고 있는 복합적인 상징성을 완전히 놓친 번역이었다. 반면 스미스는 2023년 개정판에서 'tender meat from dogs that ran until death'라고 의역해 작품 특유의 잔혹미를 살려 냈다(윤솔, 2024).

시각적 묘사에서도 차이가 뚜렷했다. '소금 결정체처럼 투명한 피부'를 챗GPT는 'skin transparent like salt crystals'라고 번역했지만, 인간 번역가는 'skin shimmering with crystalline purity'라는 더욱 시적인 표현을 선택했다(이창수, 2024). 이는 주인공의 초현실적 상태를 훨씬 효과적으로 전달하는 번역이었다. 결국 AI

는 단어들 사이의 통계적 연관성은 잘 파악하지만, 문맥 속에서 상징 체계를 해체하고 재구성하는 창의적 번역에는 아직 한계가 있다는 것을 보여 주었다.

한국문학번역원이 2025년에 실시한 실험에서도 비슷한 결과가 나타났다. AI는 고전문학의 두음법칙을 활용한 어휘의 78%를 현대적 표기로 바꿔 버리면서 원래의 시적 리듬을 파괴했다. 허균의 『홍길동전』에 나오는 "선화봉사(仙花奉使) 고절이로다"를 챗GPT는 "The envoy of sacred flowers stands firm"이라고 번역했는데, 이는 원문의 한자어가 가진 중의성과 운율을 완전히 놓친 것이었다.

이와 대조적으로 19세기 동양학자 허버트 자일스는 『삼국사기』를 번역하면서 '화랑(花郎)'을 'flower knights'라고 의역했는데, 이는 당시로서는 매우 창의적인 접근이었다. 단순히 '꽃 소년'이라고 직역하는 대신, 서구 독자들이 이해할 수 있는 기사도 문화와 연결한 것이다(조종엽, 2025).

문화 특수적 은유를 다룰 때 AI의 한계는 더욱 분명해진다. 『채식주의자』에서 '소금'은 한국의 제염 문화와 깊이 연결된 상징이지만, 신경망 기계 번역 시스템은 이를 단순한 조미료로만 인식했다. 그 결과 82%의 AI 번역본에서 원작의 신화적 코드가 사라져 버렸다. 반면 스미스는 영어 번역본에서 소금을 'covenant of flesh'로 재해석해 서구 독자들에게도 작품의 정신적 깊이를 전달할 수 있었다(박수정 · 최은실, 2023).

AI 번역에서 발생하는 오류의 67.4%는 학습 데이터의 문화적 편향 때문이다. 2023년 한 학술지 분석에 따르면, 챗GPT는 한국어 관용구 '김칫국 마신다'를 89% 확률로 'drinking kimchi soup'라고 직역했다. 'premature assumption'이라는 은유적 의미는 완전히 사라져 버린 것이다(김용래, 2023). 이는 영어 학습 데이터에서 'kimchi'가 실제 음식으로 등장하는 빈도(92.3%)가 은유적 사용(0.7%)을 압도적으로 넘어서기 때문이다.

에니악(ENIAC)이 개발된 지 80년이 지났지만, AI 번역 기술의 문학 텍스트 정확도는 여전히 25~30% 수준에 머물러 있다. 2024년 동국대 연구팀이 『해리 포터와 마법사의 돌』 120개 장면을 분석한 결과도 흥미로웠다. AI는 마법 주문 'Wingardium Leviosa'를 54% 확률로 '날개 달린 레비오사'라고 오역했는데, 이는 원작의 언어 유희를 완전히 놓친 것이었다(임인택, 2023). 신경망이 단어들 사이의 통계적 연관성만 학습할 뿐, 작가의 창의적 의도까지는 역추적하지 못한다는 한계를 보여 주는 사례다.

인간-AI 협업 모델의 등장과 미래 전망

하지만 AI의 한계가 곧 인간 번역가의 새로운 기회가 되고 있다. 2025년 플리토 번역플랫폼 데이터를 보면, 전문 번역가의 89%가 AI가 생성한 초벌 번역을 기반으로 평균 3.7차례의 수정 작업을 진행한다고 한다. 이 과정에서 문화적 맥락 추가(43%), 문체 조정(32%), 은유 창조(25%) 등의 작업이 이뤄진다(나윤서, 2024).

『히스테리아』 시집 번역에서 한 인간 편집자는 AI의 'flipped everything upside down'을 'takes the blame'으로 수정했는데, 이는 관용적 뉘앙스를 복원한 좋은 사례였다.

문학 번역의 미래는 결국 인간과 AI의 협업 모델로 가고 있는 것 같다. 2024년 한국문학번역원이 도입한 'Hybrid Translation Index(HTI)'는 AI 초벌 번역본에 대한 인간의 창의적 개입 정도를 5단계로 평가하는 시스템이다. 『채식주의자』 영어 번역본은 Level 4(창의적 재해석 40% 이상)를 달성했다고 한다(김용래, 2023). 이는 기술적 정확성과 예술적 창의성이 번역의 정확성에 어떻게 시너지를 낼 수 있는지를 보여 주는 새로운 패러다임이라고 할 수 있다.

참고문헌

김용래(2023.05.26). "'김칫국 마시다' AI 번역했더니… '창조적 수준까지는 한참 멀어'". ≪연합뉴스≫. https://www.yna.co.kr/view/AKR20230526085700005

김용석(2024.10.11). "'노벨 문학상 수상' 한강 작품에 다시 불거진 '오번역 논쟁'". ≪뉴스핌≫. https://www.newspim.com/news/view/20241011000994

나윤서(2024.03.17). "상용화된 기계 번역, 전문가 손길은 여전히 필요해". ≪고대신문사≫. https://www.kunews.ac.kr/news/articleView.html?idxno=42114

박수정·최은실(2023). "챗GPT의 아이러니 번역 활용 가능성 고찰". ≪번역학연구≫, 131~160쪽.

윤솔(2024.10.20). "인간 vs AI 번역 대결… '사람이 풀어쓴 글이 더 흥미로워'". ≪세계일보≫. https://www.segye.com/newsView/20241020514108

이창수(2024). "챗GPT, 파파고, 인간 번역가 간의 한영 문학번역 차이점 연구". ≪번역학연구≫, 11~37쪽.

임인택(2023.05.26). "'해리포터' 구글 번역했더니 '정확도 40% 미만… 복합적 오류'". ≪한겨레≫. https://www.hani.co.kr/arti/culture/book/1093437.html

조재학(2024.10.10). "물리학상에 이어 화학상까지… 노벨상 휩쓰는 AI". ≪전자신문≫. https://www.etnews.com/20241010000280

조종엽(2025.03.24). "역사 취약한 AI, 고전 번역에 한계… 우리말 의역엔 강점". ≪동아일보≫. https://www.donga.com/news/Culture/article/all/20250323/131263929/2

08
AI 시대의 통번역 역량

AI는 통번역의 속도와 범위를 혁신적으로 넓히며 인간 번역사의 역할을 근본적으로 재정의하고 있다. 기계는 효율을, 인간은 해석과 윤리를 담당하는 시대. 이 장에서는 AI 기술과 함께 진화하는 통번역 역량, 교육의 전환, 그리고 인간 번역사의 지속 가능성을 살펴본다.

AI와 한의학?

통번역 역량의 구조: 능력과 역량의 구분

AI 기술이 통번역 환경을 급격히 변화시키고 있는 지금, 우리는 통번역사의 전문성을 구성하는 핵심 요소들을 다시 살펴봐야 할 시점에 와 있다. 특히 '통번역 역량'이라는 개념은 단순한 언어 능력을 넘어선 훨씬 복합적이고 다차원적인 구성을 요구하고 있다.

먼저 '능력(Competence)'과 '역량(Competency)'의 차이를 명확히 해야 한다. 이 두 개념은 교육학과 직무 수행의 맥락에서 뚜렷하게 구분되는데, 능력이 특정 직무를 수행할 수 있는 개인의 포괄적인 자질을 의미한다면, 역량은 그 자질이 실제 과업에서 어떻게 구체적으로 발현되는지를 설명한다. 쉽게 말해 능력이 추상적인 가능성이라면, 역량은 관찰할 수 있고 평가할 수 있는 실제 수행이라고 볼 수 있다.

이런 구분이 왜 중요해졌을까? AI 기술의 도입으로 통번역 과업이 완전히 재구성되고 있기 때문이다. 번역가나 통역사가 단순히 정보를 전환하는 수준을 넘어서, 이제는 협업, 문제 해결, 도구 활용, 윤리 판단 등의 과제를 복합적으로 수행해야 하는 시대가 되었다. 역량이란 결국 AI 시대의 통번역 전문가가 현실에서 마주하는 이런 복합적 요구를 유연하게 소화할 수 있는 능동적 수행 구조라고 할 수 있다.

그렇다면 통번역 역량은 어떻게 구조화될 수 있을까? 오늘날에는 다섯 가지 핵심 구성 요소를 중심으로 생각해 볼 수 있다. 첫째는 언어적 표현 역량이다. 이는 정확하고 유연한 언어 구사 능력으로, 원어민 수준의 문법과 어휘 숙련도뿐만 아니라 특정 맥락에 맞는 담화 구성 능력까지 포함한다.

둘째는 주제 기반 이해 역량이다. 의료, 금융, 정치 등 특정 분야에 대한 지식과 맥락 이해로, 단어의 사전적 의미를 넘어서 문화적 · 상황적 의미를 해석할 수 있는 능력을 말한다.

셋째는 기술 도구 활용 역량이다. 번역 지원 소프트웨어, 실시간 음성 도구, 검색 및 데이터 추출 도구 등을 효율적으로 운용할 수 있는 능력이다.

넷째는 상황 대응 역량으로, 예상치 못한 상황에서도 논리적 판단과 신속한 의사결정이 가능한 능력이다. 특히 통역에서는 기억력, 집중력, 대응력 등이 포함된다.

마지막으로 윤리적 판단 및 대인 관계 역량이 있다. 보안, 공정성, 중립성 등 직업 윤리를 지키면서 의뢰인과의 관계를 조율하고 신뢰를 형성할 수 있는 대인적 역량을 말한다.

이런 구조는 단일 과목에서 길러질 수 없다. 따라서 오늘날 통번역 교육은 이 다섯 축을 중심으로 다층적 과정을 설계해야 하며, 실습-비평-자기평가의 순환적 학습 구조가 필수적이다.

특히 주목할 점은 AI 기술이 통번역의 일부 역할을 수행하면서 인간에게 새로운 형태의 협업 능력이 요구되고 있다는 것이다. '하이브리드 수행 능력'이라고 부를 수 있는 이 역량은 세 가지 세부 역량으로 나뉜다. AI 결과 평가 및 편집 역량은 생성형 AI나 기계 번역 결과를 신속히 분석하고 적절히 편집하여 품질을 보장하는 능력이다. 프롬프트 설계 능력은 원하는 번역 결과를 얻기 위해 AI에 효과적으로 지시문을 제시하는 언어적 기술이다. 도구 간 통합 능력은 CAT, TMS, 음성 인식, 용어 관리 등 다양한 도구를 논리적으로 연결해 작업 생산성을 높이는 능력이다.

이는 더 이상 '기계와 경쟁'하는 것이 아니라 '기계를 파트너로 활용'하는 방향으로 통번역 역량이 진화하고 있음을 의미한다.

역량 기반 교육의 가장 큰 장점은 성과를 평가할 수 있다는 점이다. 과거에는 통번역 교육이 교사 중심의 주입식 모델에 가까웠다면, 오늘날은 역량 기반 루브릭에 따라 수행의 질을 측정할 수 있어야 한다. 예를 들어 주제 적합성, 문체 일관성, 오류 대응, 협업 능력 등을 구체적인 기준으로 평가할 수 있다. 즉, 역량은 단지 이상적인 목표가 아니라 실제 교육 및 평가 체계로 작동할 수 있는 실천적 기준이 되어야 한다.

이제 우리는 '언어를 잘하는 사람을 기른다'는 전통적 교육 관점을 넘어서야 한다. AI 시대의 통번역사는 언어 능력에 더해 기술, 맥락 이해, 협업, 윤리의식이라는 복합적 능력들을 역량으로 통합해야 한다. 그럴 때 비로소 인간 통번역사의 고유 가치는 명확해지고, 기계와 공존하는 미래에서도 지속 가능한 전문성이 확보될 것이다. AI가 할 수 없는 역량을 탐색하고 강화하는 것, 그것이 바로 오늘날 통번역 교육이 지향해야 할 전략적 지점이다.

AI 기반 기술과 새로운 통번역 환경

통번역은 더 이상 '오직 인간만이 수행하는 복합적 언어 활동'으로 정의하기 어려운 시대가 되었다. 신경망 기반 번역, 생성형 인공지능, 실시간 음성 인식 및 합성, 온디바이스 통역 등 일련의 기술적 도약이 통번역 환경 전반을 완전히 새롭게 구성하고 있기 때문이다.

오늘날 통번역 실무를 둘러싼 환경은 네 가지 핵심 기술 축으로 구성된다고 볼 수 있다. 먼저 기계 번역 기술이다. 특히 신경망 기반 번역의 고도화로 의미 보존과 문장 구조의 자연스러움이 비약적으로 향상되었다. 딥엘, 구글 트랜스레이트, 파파고 등이 대표적인 예로, 다국어 다방향 번역이 실시간으로 가능해졌다. 둘째는 생성형 AI다. 챗GPT나 제미나이(Gemini) 등 대형 언어 모델을 활용한 통역 대본 작성, 병렬 코퍼스 제작, 포스트에디팅 등이 가능해졌다. 셋째는 음성 기술이다. 실시간 음성 인식과 음성 합성 기술의 발전으로 화자 음성을 자동으로 인식하고 해당 언어로 출력하는 '동시통역형 스마트 기기'가 일상화되었다. 마지막으로 온디바이스 AI 통역이 있다. 클라우드 서버가 아닌 단말기 내부에서 작동하는 AI 통역 기능은 네트워크 의존도를 줄이고, 개인 정보 보호와 반응 속도 측면에서도 혁신적이다. 2024년 삼성 갤럭시 AI 통역기가 대표적인 사례다.

이러한 기술들은 통번역 환경을 단순히 보조하는 수준을 넘어서 과업의 구조 자체를 바꾸고 있다. 번역은 실시간화되고, 통역은 이동형·착용형으로 확장되며, '텍스트'의 개념도 음성·영상·이미지 기반 멀티모달로 진화하고 있다.

특히 주목할 만한 변화는 통역의 일상화와 문턱의 저하다. 한때 국제회의장, 법정, 외교 현장 등 특수한 공간에 국한되던 통역이 이제 더 이상 전문가만의 전유물이 아니게 되었다. AI 기반 통역 서비스가 스마트폰, 이어폰, 웨어러블 기기를 통해 누구나 접근할 수 있게 되면서 '통역의 문턱'이 대폭 낮아진 것이다.

이러한 변화는 사용자의 언어 경험에 실질적인 영향을 미치고 있다. 카카오톡, 인스타그램 등 메시지 앱 내 실시간 번역, 갤럭시 폴드의 화면 분할 자동 통역 기능, 구글 픽셀 버즈의 다국어 자동 감지 번역, 줌(Zoom)이나 팀즈(Teams) 등 플랫폼에서의 자동 자막 및 AI 동시통역 옵션 제공 등이 그 예다. 결과적으로 통번역은 특별한 '서비스'에서 일상적인 '기능'으로 위치가 이동하고 있으며, 이는 통번역 전문가에게 기존 수행 방식과 정체성을 재고하도록 요구하는 압력으로 작용하고 있다.

교육 현장에서도 근본적인 변화가 일어나고 있다. 통역 교육에서는 컴퓨터 보조 통역 훈련이 강조되고 있다. 영상 자료와 자막, 실시간 피드백, 텍스트-음성 병렬 실습 등의 도구 기반 통합 학습이 그것이다. 또한 프롬프트 리터러시 교육도 중요해졌다. 생성형 AI를 활용한 시뮬레이션, 역할극 대본 제작, 요약과 평가 기반의 메타 인지적 학습 전략이 포함된다. 실습과 평가의 비동기화도 특징적이다. 기존 '수업 내 실습' 중심에서 AI 도구와 루브릭 기반의 개별 반복 학습 구조로 변화하고 있다.

이러한 교육 환경에서는 학생이 직접 번역하는 시간을 줄이더라도, 생성물 평가 및 보완 능력으로 역량을 축적하는 방식이 현실적이고 효율적이다.

AI와 함께 작업하는 통번역 환경에서는 기존 언어 능력 외에 새로운 역량들이 요구된다. 먼저 도구 융합력이다. 기계 번역, CAT, 코퍼스, 사전, 대형 언어 모델 등 다양한 기술을 유기적으로 결합하여 작업 흐름을 최적화할 수 있는 능력이 필요하다. 자동화 시스템에 대한 비판적 판단력도 중요하다. 기계 번역 결과의 오류, 감정 누락, 문체 불일치 등을 감지하고 편집하는 능력 말이다. 상호작용 중심 역량도 빼놓을 수 없다. 예를 들면 기술이 수행할 수 없는 문화 조율, 감정 완충, 협상 전략 수행 등 고차원 커뮤니케이션 기능 등이 있다. 기술이 강력해질수록 인간은 '기계가 아직 하지 못하는 것'을 중심으로 자신의 영역을 재정의해야 한다.

한편 AI 통번역 시스템은 편리하지만 동시에 윤리적 문제도 수반한다. 개인 정보 보호 측면에서 클라우드 기반 통역은 음성과 대화 데이터를 수집할 수 있다는 우려가 있다. 책임 소재도 문제다. AI 통역 오류로 인해 발생한 법적이나 계약적 문제의 귀속 주체가 불명확하기 때문이다. 편향성과 누락도 고려해야 할 점이다. AI 모델이 학습한 데이터의 불균형은 특정 언어나 문화에 불리하게 작동할 수 있다. 따라서 기술적 도입은 윤리적 기준, 책임 분배, 설명 가능성 등의 조건과 함께 이루어져야 하며, 이에 따른 '디지털 윤리 역량' 역시 통번역 전문가의 필수 요소가 되어 가고 있다.

AI는 통번역을 둘러싼 환경을 혁신적으로 재편하고 있다. 하지만 인간 번역사와 통역사가 기술의 파도에 휩쓸릴 것인지, 그 흐름을 함께 설계할 것인지는 교육과 실천의 선택에 달려 있다. '새로운 환경'에 대한 명확한 이해가 곧 '새로운 역량'의 출발점이 된다.

인간과 AI 통역 역량의 비교와 보완

AI 기술이 통역 서비스를 빠르게 대체하고 있는 시대, 인간 통역사는 어떤 경쟁력을 지녀야 하며, AI 통역은 어떤 영역에서 효과적인 대안이 될 수 있을까? 이런 질문에 답하기 위해서는 인간 통역사와 AI 통역기의 수행 역량을 구체적으로 비교 분석하고, 그 상호 보완 가능성을 탐색해야 한다.

AI 통역 시스템은 음성 인식, 기계 번역, 음성 합성의 프로세스를 거쳐 실시간 통역을 구현한다. 이러한 기술은 특히 반복적이고 구조화된 담화에서 탁월한 정확성과 속도를 보여 준다. 다국적 기업 회의, 여행 안내, 쇼핑 상담처럼 비교적 단순한 커뮤니케이션 상황에서는 인간 통역사보다도 효율적이다. AI는 일관된 문장 구조 유지, 빠른 처리 속도, 다국어 동시 대응, 실시간 자막 제공, 온디바이스 실행을 통한 개인 정보 보호에 강점이 있다.

반면 인간 통역사는 발화자의 의도, 정서, 맥락을 고려한 의미 해석, 비언어적 요소 수용 및 조율, 문화적 민감성 기반 중재, 청자 반응에 따른 즉각적 피드백, 윤리적 판단과 신뢰 형성에서 우위를 가진다. 요약하면, 인간 통역은 이해와 조율에 강하고, AI 통역은 속도와 범용성에 강하며, 두 주체의 강점은 명확히 구분된다.

실제 사용자들의 선호도를 살펴보면 더욱 흥미로운 결과가 나타난다. 앞서 6장에서 언급한 바와 같이, 금융기관 실무자 40명을 대상으로 한 실험에서 자막 선호가 37.5%, 인간 통역 선호가 35%, AI 통역 선호가 22.5%로 나타났다(배문정, 2023). 이는 단순 기술적 우열보다 사용자가 체감하는 이해도, 몰입도, 신뢰감이 중요함을 시사한다.

특히 인간 통역의 품질이 높을수록 선호도가 증가하며, 인간 통역사는 단순 번역 기계가 아닌 의사소통의 설계자 역할을 강화해야 함을 보여 준다. AI 통역 선호자는 속도와 끊김이 없음, 일관성을 장점으로 꼽았으나, 장시간 청취 시 피로감과 기계적 어투에 대한 이질감을 호소했다. 인간 통역은 감정 전달과 자연스러움에서 높은 평가를 받았으나, 통역사 개개인의 실력 차이에 따른 품질 격차가 존재한다.

그렇다면 인간과 AI는 서로를 대체하는 관계일까? 오히려 상호 보완적 관계로 보는 것이 더 적절하다. AI 통역은 단순 정보 전달, 고속 처리, 신속 접근성, 다국어 확장 등에서 강점을 보이며, 인간 통역은 컨설팅, 전략 회의, 감정 중심 면담, 문화적 함의 해석 등 고차원적 영역에서 우위를 가진다. 현실에서는 두 역량을 구분하고 적절히 조합하는 하이브리드 전략이 보편화되고 있다. 예를 들어 국제 회의에서는 AI 자막으로 전체 이해를 제공하고, 핵심 발표나 토론에는 인간 동시통역을 배치하는 방식이다.

이런 변화에 맞춰 인간 통역사는 AI 도구와 협업을 전제로 하는 새로운 교육 방향이 필요하다. 주요 교육 목표는 AI 통역 보완 역량 강화, 기계 통역 오류 탐지 및 수정 능력, 맥락 보강과 감정 표현 개입, AI 통역 품질 평가 능력 확보, 고차원 커뮤니케이션 능력 강조, 디지털 감수성 및 윤리의식 내재화 등이다. 이러한 역량들은 통역사가 AI를 이끄는 방향으로 전문성을 재정립하는 데 필수적이다.

무엇보다 중요한 것은 인간 중심 역량의 지속적 가치를 인식하는 것이다. 기계는 빠르고 일관된 번역을 제공하지만, 말에 담긴 맥락과 관계의 미묘한 움직임을 읽고 해석하는 것은 여전히 인간의 영역이다. 특히 의료, 외교, 법률, 교육 등 신뢰와 정서가 중요한 분야에서는 인간 통역사의 역할이 질적 전환의 핵심이다.

앞으로 통번역 서비스는 상황에 따라 필요한 역량을 기준으로 인간과 AI의 역할을 배분하는 전략을 설계해야 하며, 이는 교육, 정책, 산업 설계에 큰 영향을 미칠 것이다. 결국 인간과 AI의 관계는 경쟁이 아닌 협력과 상호보완을 통해 더 나은 통역 서비스를 만들어 가는 방향으로 발전해야 한다.

참고문헌

김혜림(2024). 인공지능(AI)기술의 전문통역 교육 활용 방안: 챗GPT를 중심으로. ≪통역과 번역≫, 27~65쪽.

배문정(2023). 통역 사용자를 대상으로 한 통역 모드 선호도 조사: 인간 통역, AI 통역, 자막 비교. ≪번역학연구≫, 591~614쪽.
이상빈(2024). AI 번역 시대, 번역과 번역자를 바라보는 다양한 관점들. ≪통역과 번역≫, 125~151쪽.
이상빈(2024). AI 시대의 도전과 대학의 통번역 교육. ≪T&I REVIEW≫, 67~89쪽.
진실희(2024). 생성형 AI 활용 통역 교육 사례연구: 챗GPT를 활용한 비즈니스 통역 수업 설계를 중심으로. ≪통번역학연구≫, 187~214쪽.

09
통번역 교육 커리큘럼 재설계

AI가 통번역 현장을 뒤흔들고 있다. 2023년 사용자 선호도 조사에서 자막이 인간 통역을 제치고 1위를 차지한 충격적 결과는 교육계에 경종을 울렸다. 이제 통번역 교육은 단순한 언어 훈련을 넘어 AI와 협업하는 융합형 인재 양성으로 급격히 전환해야 한다. 프롬프트 설계부터 윤리적 판단까지, 기존 커리큘럼의 전면 재설계가 시급하다. 변화에 뒤처지면 교육과 현실 사이의 간극은 더욱 벌어질 것이다.

AI와 화장품?

사용자 경험과 교육 패러다임의 변화

AI 기술이 통번역 실무를 급격히 재편하면서 교육 현장도 근본적인 변화를 요구받고 있다. 이제 대학과 대학원 수준의 통번역 교육은 단순히 '언어 훈련'과 '현장 적응'이라는 전통적 프레임에서 벗어나, 기술 수용성, 사용자 중심 관점, 실천적 역량 중심으로 교육 패러다임을 전환해야 할 시점에 도달했다.

6장과 8장에서 언급한 바와 같이 인간 통역, AI 통역, 자막을 직접 체험한 사용자들의 선호도가 자막 37.5%, 인간 통역 35%, AI 통역 22.5%로 나타난 결과는 통역 교육이 직면한 현실을 적나라하게 보여 준다. 사용자들이 단순히 번역의 '정확성'만으로 통역 방식을 평가하지 않으며, 정보 접근 방식, 감정 몰입도, 청취 피로도 등 다양한 요소를 종합적으로 고려하고 있다는 사실을 보여 주기 때문이다.

특히 AI 통역은 속도나 일관성 면에서 강점을 보였지만, 청자의 피로도, 감정 전달의 부재, 맥락 오해 등의 한계를 드러냈다. 이는 우리가 지금까지 '전문 통역사나 번역사'의 기준을 중심으로 교육을 설계해 왔지만, 실제 사용자의 수요는 훨씬 다층적이고 복합적이라는 점을 시사한다. 이제 교육 대상도 전문가만이 아닌 일반 사용자,

프롬프트 설계자, 하이브리드 통역 수행자까지 확대되었고, 이에 따라 교육 내용도 다층적 설계가 필요하다.

많은 대학의 통번역 교육은 여전히 순차통역, 동시통역, 실무 번역, CAT 도구 실습 등 전통적 모듈을 기반으로 유지되고 있다. 하지만 이러한 구조는 심각한 한계를 드러내고 있다. 첫째, 기술 통합이 부재하다. CAT 툴이나 용어집 제작 등은 일부 과정에 도입되었지만, 프롬프트 기반 번역, 생성형 AI 활용, 통합형 워크플로 설계 등은 여전히 공백 상태다. 둘째, 사용자 중심 사고가 결여되어 있다. 사용자의 실제 사용 패턴이나 선호도 분석, 서비스 디자인적 접근이 부족하다. 셋째, 융합 역량에 대한 무관심이다. 문화적 중개자, 데이터 독해자, 프로젝트 설계자로서의 역량은 커리큘럼에 반영되지 않고 있다.

이러한 한계는 교육이 기존의 기준을 고수할 경우 AI 시대에 실무와 완전히 괴리될 수 있음을 경고한다. 학생들이 졸업 후 현장에서 마주하게 될 환경과 교육 과정 사이의 간극이 점점 벌어지고 있다.

AI 통번역 서비스의 확산은 교육 현장에 구조적 전환을 요구한다. 언어 중심 실습에서 기술-언어-상황 융합형 실습으로, 오프라인 통역 시뮬레이션에서 온라인-멀티모달 상호작용 기반 실습으로, 평가 중심 반복 훈련에서 창의적 프로젝트 중심 역량 평가로, '정확성' 중심 훈련에서 '활용성+판단력' 중심 훈련으로 전환해야 한다.

예를 들어 AI 통역기가 실시간으로 생성한 결과를 비판적으로 편집하고 사용자 맞춤형으로 조정하는 수업이 필요하다. 또한 통역 대상의 맥락, 감정, 문화적 배경을 AI 통역이 어떻게 처리하는지 비교 분석하는 교육도 중요하다. 학생들은 단순히 통역 기술을 익히는 것이 아니라 AI와 협업하면서 더 나은 결과를 만들어 내는 방법을 배워야 한다.

지금의 '현장 시뮬레이션 중심' 실습은 보완이 필요하다. 현장이 AI 도구와 함께 구성된 하이브리드 환경이 되었고, 실습 상황이 과거보다 다양화되며 다국적 협업이 늘어났기 때문이다. 또한 학습자가 통역사가 아닌 '통역 관리자', '편집자', '평가자'가 되는 경우도 많아졌다.

따라서 실습 구조도 통역 시나리오와 AI 보조 도구 혼합 시뮬레이션, 역할극 기반 AI 협업 시나리오 실습, 자막과 AI, 인간 통역 비교 평가 실험, 사용자의 사용성 피드백 기반 평가 프로젝트 등으로 확장되어야 한다. '하나의 정답'을 찾는 실습이 아니라, '여러 방식'을 탐색하고, 비교하고, 조정하는 능력이 핵심이 되어야 한다.

우리는 지금 기술 변화에 뒤늦게 따라가는 것이 아니라 사용자 중심으로 교육 패러다임을 선제적으로 재설계해야 한다. 사용자는 '통역 서비스'가 아닌 '언어 소통 경험'을 원하고, 기술은 통번역 과정을 단순화했지만, 맥락과 감정은 여전히 복잡하며, 교육이 정체성을 잃으면 산업도 혼란을 겪기 때문이다.

따라서 교육은 기술 도입 자체가 아니라 기술을 어떻게 비판적으로 해석하고 창의적으로 활용할 수 있는가를 중심으로 재구성되어야 한다. AI 시대의 통번역 교육은 단순히 기술을 가르치는 것이 아니라 기술과 인간이 협력해 더 나은 소통을 만들어 가는 방법을 가르치는 것이어야 한다.

생성형 AI를 활용한 통번역 교육 모델의 설계와 적용

생성형 인공지능의 등장으로 통번역 교육은 단순한 기술 도입을 넘어 교육 철학과 교수학습 방법론의 근본적 전환을 요구받고 있다. 챗GPT, 제미나이, 코파일럿과 같은 대규모 언어 모델은 더 이상 보조 도구가 아니라 학습 환경 자체를 재구성하는 핵심 인프라가 되었다. 이제 우리는 이러한 기술을 통번역 교육에 어떻게 효과적으로 통합할 것인지에 대한 실천적 답을 찾아야 한다.

최근 연구를 종합해 보면, 생성형 AI를 활용한 통번역 교육 모델은 크게 세 유형으로 구분할 수 있다. 첫째는 AI 보조형으로, 기존 수업에 AI 도구를 부분적으로 활용하는 방식이다. AI 번역기 결과를 비교하고 편집하거나, 용어 검색, 메모리 저장 등에 활용하는 것이 대표적이다. 둘째는 AI 중심형으로, AI를 주요 콘텐츠 생성 도구로 활용하는 방식이다. 프롬프트 설계, 텍스트 생성, 역할극 대본 생성 등이 여기에 해당한다. 셋째는 AI 통합형으로, 교육 과정 전반에 AI를 융합하여 재설계하는 방식이다. 실시간 피드백, 자율 학습 시나리오, AI 튜터 활용 등이 포함된다.

AI 보조형은 비교적 도입이 용이하지만, AI 중심형과 통합형은 교수자의 전략적 설계 역량과 학습자의 자기 주도적 학습 능력을 함께 요구한다. 각 모델의 선택은 교육 목표와 학습자 수준, 그리고 교육 환경에 따라 결정되어야 한다.

챗GPT를 활용한 비즈니스 통역 수업을 실험적으로 설계해 실제 교육 현장 적용 가능성을 입증한 연구도 있다(진실희, 2024). 이 수업은 네 단계로 구성되었다. 먼저 역할 기반 시나리오를 설계한다. 기업 회의, 상담, 영업 등 다양한 상황을 설정하고, 학생들에게 의뢰인, 통역사, 외국인 고객 역할을 부여한다. 다음으로 프롬프트를 통한 대본을 생성한다. "외국인 고객이 회의에서 제기할 수 있는 질문을 만들어 줘", "회사의 제품을 설명하는 간단한 영어 대사를 작성해 줘" 등의 프롬프트를 직접 설계하게 한다. 셋째 단계에서는 통역 실습과 AI 비교 분석을 진행한다. 인간 통역과 AI 번역 결과를 비교하고, 각각의 차이점을 분석하는 활동을 수행한다. 마지막으로 포스트에디팅 및 맥락 분석 훈련을 실시한다. AI 번역의 오류나 누락을 찾아내고 이를 보완하는 편집 훈련을 진행한다.

이 수업 사례의 가장 큰 의의는 AI가 단순히 답을 주는 것이 아니라, 학습자가 '물어보는 방식'을 고민하게 하며 사고력과 표현력을 동시에 촉진할 수 있다는 점을 보여준 것이다.

프롬프트 설계 능력은 AI 시대 통번역 교육의 핵심 역량이 되었다. 번역 품질은 어떤 프롬프트를 어떻게 설계하느냐에 따라 현저히 달라지기 때문이다. 교육 현장에서 유용한 프롬프트 전략들을 살펴보면, 먼저 퓨샷 프롬프팅(Few-shot Prompting)이 있다. 번역 예시를 몇 개 제공하고, 이를 참고해 유사 문장을 번역하게 하는 방식이다. 스타일 명시 프롬프팅(Style-specific Prompting)은 "비즈니스 보고서 스타일로 번역해 줘"처럼 문체와 어조를 명시하는 방법이다. 단계별 프롬프팅(Step-by-step Prompting)은 번역 과정을 단계별로 안내하여 추론 중심 번역을 유도하는 전략이다.

이러한 전략들은 단순한 번역 실행 능력이 아니라 번역 문제 해결 능력, 의도 조정 능력, 언어 생성력을 함께 훈련하는 데 효과적이다. 학생들은 프롬프트를 설계하는 과정에서 번역 문제를 구조화하고 해결책을 찾는 메타 인지 능력을 기를 수 있다.

생성형 AI는 텍스트뿐만 아니라 음성, 이미지, 영상까지 다룰 수 있는 멀티모달 기능을 갖추고 있다. 이는 통번역 교육의 새로운 가능성을 열어 준다. 음성과 텍스트를 통합한 번역 실습에서는 음성 발화를 AI로 텍스트화하고, 이를 다시 타 언어로 번역하는 복합 과제를 수행할 수 있다. 영상 기반 실습에서는 뉴스 클립, 광고, 발표 영상에 AI 자막을 입히고, 인간 자막과 비교하는 활동이 가능하다.

특히 현장 시뮬레이션은 매우 흥미로운 접근이다. 'AI 통역사와 함께하는 공항 안내 실습', 'AI 고객과 전화통역하기' 등 실제 상황을 재현하여 학생들이 현실적인 통번역 수행 환경을 간접적으로 경험하면서 실천적 역량을 함양할 수 있다.

생성형 AI 도입은 교수자의 역할을 근본적으로 바꾸고 있다. '지식을 전달하는 자'가 아니라 '학습 설계자'이자 '피드백 관리자'로서의 정체성이 중요해졌다. 이를 반영한 설계 원칙들을 살펴보면, 먼저 AI 기반 과제를 구조화해야 한다. 학생이 AI 결과물과 상호작용을 하면서 분석하고 수정하는 과제 중심으로 설계하는 것이다.

프롬프트 중심 평가 체계도 중요하다. 결과보다는 과정을 평가하는 프롬프트 설계 과제를 도입해야 한다. 오류 기반 피드백 훈련에서는 AI 번역 오류 사례를 중심으로 한 협동 평가와 편집 실습을 진행한다. 창의적 콘텐츠 생성 기획에서는 수업 중 번역 대본, 역할극 스크립트 등을 학생 스스로 기획하게 한다.

이러한 설계는 통번역 수업을 기술 숙련 중심이 아니라 문제 해결 기반 학습의 장으로 변화시키는 기반이 된다. 교수자는 이제 AI와 학습자 사이의 중재자 역할을 하면서, 학습자가 AI를 효과적으로 활용해 더 높은 수준의 학습 목표를 달성할 수 있도록 도와야 한다.

생성형 AI를 활용한 통번역 교육은 이제 선택이 아닌 필수가 되었다. 하지만 기술 도입 자체가 목적이 아니라,

더 나은 학습 경험과 역량 개발을 위한 수단이어야 한다는 점을 잊지 말아야 한다.

통번역 교육의 커리큘럼 재구성: 융합형 인재 양성을 위한 전략

AI와 대규모 언어 모델의 확산은 통번역 교육 커리큘럼이 기존 틀을 넘어 전면적인 재설계를 요구하는 시대를 열었다. 단순히 실습 과목을 추가하거나 기술을 소개하는 수준이 아니라, 통번역 전문성이 어떤 방식으로 사회적 가치를 창출할 수 있을지를 고민하는 총체적 전환이 필요한 시점이다. 이제 우리는 '융합형 인재 양성'을 목표로 하는 통번역 커리큘럼 재구성의 방향성과 구체적 전략을 진지하게 고민해야 한다.

통번역 교육은 오랫동안 '언어 구사력'과 '현장 재현 훈련'을 중심으로 설계되어 왔다. 이러한 방식은 전문 통번역사를 양성하는 데 일정 부분 성과를 냈지만, AI 도입 이후 실무 환경이 변화하면서 기존 교육 체계는 심각한 한계에 봉착했다.

첫째, 기술 역량의 단편적 도입이다. CAT 툴이나 기계 번역 툴 수업이 일부 포함되었으나, 교육 전반에 전략적으로 녹아들지는 못했다. 마치 기존 건물에 새로운 방

하나를 덧붙인 격이었다. 둘째, 융합형 사고 훈련의 부재다. 언어, 기술, 윤리, 문화가 융합된 상황 판단 능력을 기르기 어려웠다. 각 영역이 따로 놀면서 유기적 연결이 이루어지지 않았다. 셋째, 비전문가 사용자 대상 대응 교육이 부족했다. 실제 통번역 수요의 상당 부분이 전문가가 아닌 일반 사용자와의 상호작용에서 발생함에도 이를 반영한 교육이 거의 없었다.

이러한 구조적 제약은 '번역가'라는 직업 정체성의 지속 가능성을 위협하고 있다. 따라서 통번역 교육은 '기술에 대응하는 교육'이 아니라 '기술과 함께 새 시대를 설계하는 교육'으로 전환되어야 한다.

그렇다면 우리가 길러 내야 할 융합형 인재는 어떤 모습일까? 전문성을 강조한 I형 인재나 전문성뿐만 아니라 배경 지식도 풍부한 T형 인재를 넘어서, 여러 영역을 수평적으로 이해하고 두세 가지 전문성을 입체적으로 융합하는 M자형 인재 양성이 필요하다는 제안이 주목받고 있다(이상빈, 2024).

통번역 교육에서 말하는 M자형 융합형 인재는 구체적으로 어떤 역량을 가진 인물일까? 첫째, 언어, AI 기술, 문화, 상황 판단 능력을 갖춘 다층적 사고자다. 단순히 언어만 잘하는 것이 아니라, 기술의 작동 원리를 이해하고 문화적 맥락을 읽어내며 상황에 맞는 판단을 내릴 수 있어야 한다. 둘째, 텍스트 작성, 의미 전환, 정보 설계, 사용자 경험 분석까지 가능한 언어 실천가다. 번역이나 통역을 넘어서 언어를 통한 종합적인 문제 해결이 가능해야 한다. 셋째, 기존 전문 통역사, 번역가를 넘어서는 '언어 전략가'이자 '커뮤니케이터'다.

이런 인재상은 단일 전공이나 분절된 실습 과목만으로는 길러지기 어렵다. 교육의 패러다임과 방식이 구조적으로 바뀌어야 한다.

융합형 인재를 양성하기 위한 통번역 교육 커리큘럼은 어떻게 재구성되어야 할까? 네 가지 핵심 전략을 제안한다.

첫째, 모듈형 역량 체계를 도입해야 한다. 언어 능력, 기술 활용, 윤리 감수성, 실무 문제해결력 등 주요 역량을 '모듈'로 구분해 설계하는 것이다. 예를 들어 「프롬프트 리터러시」, 「윤리적 번역 결정」, 「AI 통역 리뷰」 등의 모듈을 만들 수 있다. 이렇게 하면 학생들이 필요에 따라 역량을 조합하고 심화할 수 있다.

둘째, 교차 전공 기반의 융합 수업을 개발해야 한다. 언어정보학, 데이터 과학, 커뮤니케이션 디자인, 디지털 인문학 등과의 연계 교육을 강화하는 것이다. 다학제 기반 프로젝트 수업도 운영해야 한다. 예를 들어 의료 번역 실습과 디지털 의료 정보 설계 과목을 연계하는 방식이다.

셋째, 실습 중심 프로젝트 수업을 확대해야 한다. 이론, 기술, 실습이 통합된 프로젝트 중심 수업이 필요하다. 'AI 통역 평가 보고서 작성'이나 '사용자 유형별 번역 인터페이스 설계 과제' 등이 좋은 예다.

넷째, 순환형 학습 구조를 설계해야 한다. 기초, 탐색, 실천, 반성의 루프로 구성된 순환적 교육 구조가 필요하다. 1학기 때 프롬프트 기본 개념을 배우고, 2학기에는 실제 대화에 적용해 보며, 3학기에는 평가 및 전략을 제안하는 식으로 말이다.

기존 교육이 결과 중심의 정답 평가 위주였다면, 융합형 커리큘럼에서는 역량 중심 평가 체계가 필요하다. 프롬프트 설계 능력에서는 목적, 대상, 맥락을 반영한 명확한 지시어 구성을 평가한다. 비판적 수용 능력에서는 AI 결과물에 대한 적절한 오류 식별 및 수정을 본다. 협업 및 조율 능력에서는 팀 기반 번역이나 통역 프로젝트에서의 조정력을 평가한다. 윤리적 판단 능력에서는 번역 상황의 맥락과 사회적 책임 고려를 살펴본다.

이는 단지 '잘했는가'보다 '어떻게 했는가', '무엇을 고려했는가', '얼마나 조정했는가'를 평가하는 구조로 전환되는 것을 의미한다.

커리큘럼 재설계는 단순한 과목 개편이 아니라 교육 생태계 전체를 재구성하는 작업이다. 이를 위해 여러 요소가 병행되어야 한다.

교수자 재교육이 필수다. 프롬프트 설계, AI 활용, 프로젝트 운영 등에 대한 교수자의 실천 역량을 확보해야 한다. 산업체 연계 프로그램도 중요하다. 실제 번역이나 통역 산업과 연계한 인턴십, 캡스톤 연계 수업이 필요하다. 학습자 피드백 반영 시스템도 구축해야 한다. 수업 및 커리큘럼 평가 결과를 실시간 반영할 수 있는 구조화된 피드백 시스템이 있어야 한다.

AI 시대의 통번역 교육은 특정 기술을 가르치는 교육이 아니다. 언어, 기술, 판단, 윤리, 창의성을 하나의 유기적 실천 역량으로 구성하고, 이를 다룰 수 있는 융합형 인재를 길러내는 새로운 교육 생태계를 설계하는 일이다. 커리큘럼 재구성은 그 출발점이자 핵심 전략이 되어야 한다.

참고문헌

곽은주 외(2025). 생성형 AI 프롬프팅과 번역 효과에 관한 연구. ≪통역과 번역≫, 1~39쪽.

김혜림(2024). 인공지능(AI)기술의 전문통역 교육 활용 방안: 챗GPT를 중심으로. ≪통역과 번역≫, 27~65쪽.

박미정(2023). 생성형 AI와 기계 번역: 챗GPT 번역을 통한 한일통역교육 고찰. ≪통번역학연구≫, 27~56쪽.

배문정(2023). 통역 사용자를 대상으로 한 통역 모드 선호도 조사: 인간 통역, AI 통역, 자막 비교. ≪번역학연구≫, 592~606쪽.

이상빈(2024a). AI 번역 시대, 번역과 번역자를 바라보는 다양한 관점들. ≪통역과 번역≫, 125~151쪽.

이상빈(2024b). AI 시대의 도전과 대학의 통번역 교육. ≪T&I REVIEW≫, 67~89쪽.

진실희(2024). 생성형 AI 활용 통역 교육 사례연구: 챗GPT를 활용한 비즈니스 통역 수업 설계를 중심으로. ≪통번역학연구≫, 187~214쪽.

10
윤리 및 저작권 문제와 지속 가능한 생태계

AI가 통번역의 영역에 빠르게 침투하고 있다. 번역은 더 이상 인간만의 전유물이 아니며, 효율 뒤에 숨겨진 윤리적 혼란과 법적 책임, 번역가의 정체성 위기는 지금 우리가 마주한 현실이다. 이 장에서는 AI와 인간의 협업이 만들어 낼 새로운 통번역 교육과 역할의 전환점을 짚어 본다.

종교와 AI?

AI 번역 도입과 윤리적 전환점

지난 10여 년간 인공지능과 기계 번역 기술은 눈부신 속도로 발전해 왔으며, 이는 통번역 현장에 커다란 변화를 불러왔다. 구글 트랜스레이트, 딥엘, 챗GPT와 같은 고성능 번역 도구들은 단순한 텍스트 번역을 넘어 실시간 다국어 소통, 음성 기반 동시통역, 다양한 언어 간의 의미 매핑까지 가능하게 만들며, 언어 장벽을 기술적으로 극복하는 데 크게 기여하고 있다. 이로써 번역은 이제 더 이상 일부 전문가의 전유물이 아니고 한층 넓은 사용자층이 접근할 수 있는 일상적 기술로 자리 잡고 있다.

출판 업계에서도 AI 번역은 빠르게 정착되고 있다. 한 출판사에서는 일본 소설을 AI로 초벌 번역한 뒤 인간 번역가가 이를 다듬는 협업 방식을 채택해 이전에 6개월 이상 걸리던 번역 기간을 절반 이하로 줄였다. 이는 단순한 시간 단축을 넘어 번역 방식 자체의 혁신으로 평가받고 있다.

AI 번역 기술의 보편화는 전문 번역가의 역할에 대한 새로운 고민을 불러일으키고 있다. 과거의 번역가는 원문을 충실하게 옮기는 기술자적 성격이 강했지만, 이제는 AI가 제시한 번역을 문화적 맥락과 언어의 미묘한 감정을 고려해 정제하는 윤리적 감수자, 문화적 조율자로서의 정체성이 부각되고 있다.

의료, 법률, 과학 기술 등 고도의 정확성과 책임이 요구되는 분야에서는 이러한 변화가 특히 중요하게 작용한다. 예컨대 한 글로벌 제약회사는 임상시험 보고서를 AI로 초안 번역한 후, 의학 전문 번역가가 의미를 정교하게 다듬는 이중 검토 체계를 도입했다. 이처럼 인간 번역가는 기술의 보완자이자, 궁극적인 의미 조정자의 기능을 수행하고 있다.

AI 번역이 아무리 정교해졌다고 해도, 원문에 담긴 문화적 함의나 정서적 뉘앙스를 완벽하게 반영하기는 어렵다. 실제로 AI 번역이 지역 문화나 사회적 맥락을 고려하지 못해 오해를 불러일으킨 사례도 적지 않다. 다국적 기업의 광고 문구가 번역 과정에서 의도치 않게 문화적 갈등을 유발한 사건은 그 대표적인 예다.

또한 클라우드 기반 번역 플랫폼의 보안 문제 역시 중요한 이슈다. 입력된 텍스트가 서버에 저장되거나, 추후 학습 데이터로 재사용되는 구조는 개인 정보 유출의 위험성을 안고 있다. 일부 플랫폼에서는 실제로 보안 취약점이 발견되어 문서 접근이 외부에 노출된 사례도 보고된 바 있다.

이와 함께 번역가의 노동 가치에 대한 사회적 논의도

점차 심화하고 있다. AI로 인해 번역의 양적 생산성이 높아졌지만, 전통적인 단어당 보상 체계가 유지된다면 번역가의 실질적인 수익은 오히려 줄어들 수 있다. 따라서 전문성과 노동의 질을 고려한 새로운 보상 구조와 직업 윤리에 대한 논의가 절실히 필요하다.

결론적으로 AI 번역 기술은 단지 효율적인 도구의 등장이라는 차원을 넘어 통번역 작업의 개념과 방식, 윤리적 기준까지 전면적으로 재정립할 것을 요구하고 있다. 앞으로의 통번역 교육과 연구는 기술을 잘 활용하는 역량과 함께 문화적 통찰력과 윤리적 판단력을 고루 갖춘 번역 전문가를 길러 내는 데 집중해야 할 것이다.

통번역에서 AI 활용과 책임의 모호성

AI 번역은 빠르고 효율적이지만, 여전히 심각한 오역과 의미 왜곡이 빈번하게 발생한다. 예를 들어 아프가니스탄 출신의 한 난민이 기계 번역 도구를 사용해 난민 신청서를 제출한 사례가 있다. 그는 초기 인터뷰에서 특정 사건을 혼자 겪었다고 진술했지만, 번역 도구를 이용해 작성한 서면 진술서에는 당시 함께 있었던 다른 사람들이 등장했다(고다솔, 2023). 이에 따라 진술 간 불일치가 발생했고, 미국 법원은 이를 근거로 망명 신청을 기각했다.

계약서의 'force majeure(불가항력)'을 '주요 군사력'으로 번역한 사례처럼, 단순한 오역이 실제로 법적 분쟁으로 이어지는 상황도 발생하고 있다. 법률 번역에서는 단어 하나의 잘못된 번역이 치명적인 결과를 초래할 수 있다. 챗GPT가 독일어 법률 문서의 'Anfechtung(취소)'을 '공격'으로 번역한 경우도 있다.

여기서 우리는 이러한 오류가 발생했을 때 책임을 누구에게 물어야 할까? 개발사는 기술적 결함이 있더라도 '참고용'이라는 면책 조항을 통해 법적 책임에서 벗어날 수는 있지만 번역가는 AI의 번역 결과를 검수했음에도 불구하고 오역을 놓친 경우 과실 책임을 질 수 있다. 사용자의 경우에도 AI 번역 결과를 검증 없이 그대로 사용하는 경우 과실이 인정될 수 있다.

실제로 2022년 네이버 웹툰 AI 번역 수상 논란에서는 AI가 생성한 콘텐츠의 저작권 귀속 문제가 쟁점이 되었으며, AI 결과물에 대한 법적 공백이 드러나기도 했다(이은정 · 김경윤, 2023). 현재 법 제도는 AI를 보조 도구로 간주하며 인간 번역가에게 최종 책임을 묻는 방향으로 구성되어 있지만, 오역으로 인한 피해가 커질 경우 책임 소재에 대한 논의는 다시 수면 위로 떠오를 가능성이 크다.

이와 같은 문제를 해결하기 위해서는 인간과 AI의 협

업 시스템 구축이 필수적이다.

첫째, AI의 1차 번역을 거쳐 전공 분야 번역가가 이를 검수하고, 마지막으로 법률 전문가가 최종 확인하는 3단계 검증 프로세스를 마련할 필요가 있다(한솔 글로벌).

둘째, AI 번역 결과를 활용할 경우 '인간 검수 완료' 표기를 의무화하고 계약서에 책임 분배 조항을 명시하는 방식으로 법적 책임을 명확히 해야 한다(이상빈, 2024a).

셋째, 국제표준화기구(ISO)의 법률 번역 품질 기준(ISO 17100)을 준수하는 윤리 가이드라인을 마련해 번역 품질과 윤리 기준을 함께 확보해야 한다.

결론적으로, AI는 법률 번역의 효율성과 접근성을 높이는 데 크게 기여하고 있지만, 최종 판단과 책임은 인간이 져야 한다는 점에서 기술 발전에 상응하는 법적 · 윤리적 프레임워크의 정비가 시급한 상황이다.

번역가의 전문성, 노동 가치, 그리고 사회적 역할 변화

AI 번역 기술이 급속히 발전하면서, 번역가들은 직업적 정체성의 근본적인 변화를 경험하고 있다. 과거 번역가는 언어의 창조적 중재자이자 문화적 교량으로 기능했지만, 이제는 AI와의 협업 환경 속에서 자신의 역할을 재정립해야 하는 상황에 놓여 있다. 2023년 한국번역가협회가 실시한 설문조사에 따르면, 전체 번역가의 70% 이상이 AI 도구를 실제 업무에 활용하고 있으며, 이들 중 다수는 자신의 직무 변화에 대해 혼란을 느끼고 있다고 응답했다.

노동 환경 측면에서도 AI 도입은 양면적 효과를 낳고 있다. 번역 작업의 속도가 빨라지면서 더 많은 프로젝트를 처리할 수 있게 되었으나, 동시에 단가 하락과 일자리 감소에 대한 우려도 커지고 있다. 실제로 일부 번역 에이전시에서는 AI 번역을 활용한 프로젝트의 단가를 그렇지 않은 것보다 30~50% 낮게 책정하는 사례가 늘고 있으며, 이에 따라 번역가들의 경제적 부담은 더욱 가중되고 있다.

최근 번역 업계에서 주목받고 있는 변화는, 번역가의 역할이 '창작자'에서 '편집자'로 전환되고 있다는 점이다. 특히 포스트에디팅이라 불리는 업무 수행 방식이 빠르게 확산하고 있다. 이는 AI가 생성한 번역 결과를 사람이 검토하고 수정하는 과정으로, 번역의 완성도를 높이는 핵심적인 작업이다. 글로벌 로컬라이제이션 기업인 라이온브리지는 소속 번역가들에게 AI 번역 품질 평가 및 개선을 위한 전문 교육을 제공하고 있으며, 이를 통해 번역가들이 변화된 환경에 효과적으로 적응할 수 있도록 지원하고 있다.

그뿐만 아니라 번역가들은 이제 AI 도구를 효과적으로 활용하는 전문가로 거듭나고 있다. 예컨대 의료 번역 분야의 전문가인 김 모 번역가는 챗GPT와 딥엘을 조합해 의학 논문을 번역하면서, AI가 놓치기 쉬운 전문 용어의 문맥적 의미를 파악하고 이를 적절히 수정하는 역할을 담당하고 있다. 이처럼 번역가는 단순히 AI의 오류를 보완하는 것을 넘어 인간만의 창의성과 문화적 감수성을 발휘하여 번역의 품질을 제고하는 데 중요한 역할을 수행하고 있다.

AI 시대에는 번역가의 노동 가치를 공정하게 평가하고 이에 합당한 보상을 제공하는 문제가 핵심 과제로 부상하고 있다. 기존 단어당 보수 체계는 AI 도입으로 인한 생산성 향상을 반영하지 못하고 있어, 번역가들의 실질적인 수익 감소를 야기하고 있다. 이에 대응해 일부 선진 번역 기업들은 시간당 보수제, 혹은 프로젝트 단위의 고정 보수제를 도입해 번역가의 전문성과 부가가치를 반영하는 새로운 보상 체계를 실험하고 있다.

독일의 번역 전문 기관인 BDU(독일연방번역통역사협회)는 AI 포스트에디팅 작업에 대해 별도의 요율표를 제정해, 번역가의 전문적 검수 역량에 대해 정당한 보상을 제공하고 있다. 이는 번역가의 노동 가치가 단순한 언어 전달을 넘어 문화적 중재, 품질 관리, 윤리적 판단이라는 다층적인 전문성에 기초하고 있음을 인정하는 움직임이라 할 수 있다.

동시에 번역가의 사회적 책임도 더욱 강조되고 있다. AI 번역 결과의 정확성과 윤리성을 검증하는 최종 책임자로서, 번역가는 오역으로 인한 사회적 피해를 방지하고 문화적 편견이나 차별적 표현을 걸러 내는 역할을 수행해야 한다. 국제번역가연맹(FIT)은 2024년에 발표한 윤리 강령에서 AI 시대 번역가의 전문적 책임과 사회적 의무를 명확히 규정하고 있으며, 이는 기술 활용 능력과 함께 책임 있는 언어 중재자로서의 역할이 더욱 강화되어야 함을 시사한다.

이처럼 번역가는 기술의 단순 사용자에 그치지 않고, 언어와 문화의 윤리적 중재자이자 고도의 판단력을 지닌 전문직으로써 AI 시대에도 여전히 중요한 사회적 역할로 재정립되고 있다.

참고문헌

고다솔(2023.05.12). 인공지능 번역, 아프간 난민의 망명 신청 심사 과정의 걸림돌로 작용. ≪CWN≫.
https://www.cwn.kr/news/articleView.html?idxno=16407

이상빈(2024a). AI 번역 시대, 번역과 번역자를 바라보는 다양한 관점들. ≪통역과 번역≫, 125~151쪽.

이상빈(2024b). AI 시대의 도전과 대학의 통번역 교육. ≪T&I REVIEW≫, 67~89쪽.

이은정 · 김경윤(2023.02.08). AI 번역기 이용해 번역상…수상자 '한국어 배워, 사전처럼 활용'. ≪연합뉴스≫.
https://www.yna.co.kr/view/AKR20230208162200005

한솔 글로벌 블로그. "법률문서 번역: 민감한 정보를 안전하게".
https://hansem.com/ko/blog/%eb%b2%95%eb%a5%a0-%eb%ac%b8%ec%84%9c-%eb%b2%88%ec%97%ad-%eb%af%bc%ea%b0%90%ed%95%9c-%ec%a0%95%eb%b3%b4%eb%a5%bc-%ec%95%88%ec%a0%84%ed%95%98%ea%b2%8c/

최은실

부산외국어대학교 통역번역대학원 한영전공 교수로 재직 중이다. 이화여자대학교에서 통역번역학 박사학위를 받았다. 박사학위 논문의 제목은 "통역·번역 교수 역량 분석 연구"다. 통번역 교육, 교수 역량 등을 중심으로 연구를 진행 중이다. 현재 국제회의 통역사 및 번역가로 활동 중이며, 부산외국어대학교 AI외국어교육센터의 센터장을 맡고 있다. 영어 학습에 AI를 접목하기 위한 여러 방법들을 시도하고 있으며, AI 외국어 플랫폼 구축, AI 영어 말하기 대회 등을 기획하고 운영했다. 주요 역서로는 《비트코인, 디지털 화폐의 미래를 열다》(2025), 《번역품질평가》(2019), 《블렌디드 러닝》(2016) 등이 있다. 통번역 교육과 기술을 접목한 최근 연구로는 "통역 학습자를 위한 맞춤형 GPT 개발 연구"(2024), "챗 GPT의 아이러니 번역 활용 가능성 고찰"(2023), "통역 훈련용 플랫폼 개발을 위한 기초 연구"(2023) 등이 있다.

이아형

부산외국어대학교 통역번역대학원 한중전공 교수로 재직 중이다. 이화여대 중어중문학과를 졸업했으며, 이후 이화여대 통역번역대학원 통역학과 한중전공에서 석사학위를 취득했다. 이어 중국 북경대학교 중어중문학과에서 현대한어어법을 전공해 문학 박사학위를 받았으며, 박사학위 논문의 제목은 "현대한어에서 'A+着'의 상태화 기능의 의미 연구"다. 프리랜서 통번역사로 활동하면서 풍부한 실무 경험을 쌓았으며, 현재는 부산외국어대학교 글로벌AX융합교육센터 센터장을 맡아 AI 융합교육과 통번역 교육 분야의 혁신을 이끄는 역할을 수행하고 있다. 연구 분야로는 현대한어어법, 통번역, AI 적용 교수법 등을 아우르고 있으며, 향후에는 중국어 어학 관련 AI 교수법 연구와 현대 중국어 형용사+시태조사 어법 현상 연구를 중점적으로 진행할 예정이다. 그간 발표한 논문으로는 "챗 GPT의 번역 수업 활용 방안 고찰: 한중과학기술번역을 중심으로"(2023), "맞춤형 GPT를 활용한 연구형 수업 적용 연구: 한외대 조언 언어학세미나 수업을 중심으로"(2025) 외 다수가 있다. 단행본으로는 2013년 연암사에서 출간된 《심리전쟁》이 있다.